Joachim Wehrenbrecht (Hg.)

7 Todsünden

7 Reden

7 Erfahrungen

Umschlaggestaltung, Illustration: Juliane Siekmann
Lektorat: Juliane Siekmann
Herausgeber: Joachim Wehrenbrecht
Verlag und Druck:
tredition GmbH, Halenreie 40-44, 22359 Hamburg

ISBN Taschenbuch: 978-3-7482-7896-2
ISBN Hardcover: 978-3-7482-7778-1
ISBN e-Book: 978-3-978-3-7482-7779-8

Bibliografische Information der Deutschen Nationalbibliothek:
Die Deutsche Nationalbibliothek verzeichnet diese Publikation in der Deutschen Nationalbibliografie; detaillierte bibliografische Daten sind im Internet über http://dnb.d-nb.de abrufbar

Die Sünde macht den Menschen menschlich, die Liebe macht ihn göttlich.

Joachim Wehrenbrecht

Vorwort

Angefangen hat die Aufstellung eines Lasterkatalogs in der Geschichte des Christentums mit der Eremiten- und frühchristlichen Mönchsbewegung im späten dritten Jahrhundert nach Christus. Von Evagrius Ponticus (345-399) ist der älteste Lasterkatalog mit 8 Lastern überliefert.

In ihrer Einsamkeit oder in klosterähnlichen Gemeinschaften waren es die Wüstenväter, die sich von der geschäftigen und lauten Welt abkehrten. Sie waren in damaliger Zeit die Selbsterfahrungsprofis in Seelenkunde. Die Selbstinspektion förderte jede Menge seelischen Schrott, Laster und Zwänge zu Tage. Diese Selbsterkenntnis führte zur Verzweiflung, zu einem Absterben des eigenen Egos und zu einer radikalen Hinwendung zu Gott. Allein im Erfahrungsraum der Liebe Gottes konnte Heil trotz sündhafter Laster erfahren werden.

In den 7 Reden fragen die Autorinnen und Autoren danach, wie sich die im Kulturgedächtnis der Menschheit aufbewahrten 7 Todsünden heute zeigen. Unabhängig von Kultur und Religion sind Zorn, Wollust, Geiz, Trägheit, Neid, Völlerei und Hochmut globale Verhaltensweisen, positiv wie negativ.

Dem *Zorn* geht immer eine Kränkung voraus, so die These, die *Joachim Wehrenbrecht* entfaltet. Im Unterschied zur Wut richtet sich der Zorn immer gegen eine Person oder eine Gruppe. Der Mensch kann auf sich selbst wütend sein, er kann sich selbst hassen, aber zornig sein auf sich selbst ist ihm fremd. Die Energie, die der Zorn freisetzt, kann schnell in Gewalt umkippen, muss aber nicht. Es gibt auch einen gerechten Zorn, der auf Veränderung drängt und Gerechtigkeit fordert.

Mit der *Wollust* beschäftigt sich *Jochen Remy*. Er weist darauf hin, dass im lateinischen Wort Luxuria die Herkunft von Luxus steckt. Es geht bei der Wollust in der Tiefe um den Verlust des rechten Maßes, um Überschreitung von Grenzen, immer auch um die Freiheit und Würde des oder der anderen. In der Sexualität sieht Remy das rechte Maß überschritten, wenn der Mensch zum Sexobjekt degradiert wird und zu Handlungen gezwungen wird, die gegen seinen Willen sind.

Mit dem *Geiz* setzt sich *Renate Fischer-Bausch* auseinander. Sie stellt dem Geiz und der Gier die Idee und die Praxis der Teilhabe entgegen. Neben den strukturellen Problemen, die unsere Art des Wirtschaftens – die u.a. auf Geiz und Gier aufbaut – mit sich bringen, wendet sich Fischer-Bausch der zerstörerischen Wirkung von Geiz in zwischenmenschlichen Beziehungen zu. Empirische Studien zeigen auf, dass Geiz als Charaktereigenschaft in der Partnersuche ein Ausschlussgrund ist. In der Partnerwahl kommt der Geiz schlecht weg, weil Liebe Hingabe und ein Sich-Verschenken an ein Du bedeuten.

Die *Trägheit* wird von *Katharina Opalka* erschlossen. Sie verweist auf den ursprünglichen Sinn des Begriffs bei Evagrius Pontikus. Trägheit ist nicht einfach Faulsein, sondern die Unfähigkeit ganz im Hier und Jetzt zu leben. Der Aktionist kann genauso träge sein wie der Müßiggänger. Opalka zeigt auf, was das für unser Aktiv- oder Passivsein bedeuten kann.

Der *Neid* hat viele Gesichter. In einige davon lässt uns *Erhard Lay* schauen. Rivalität und Geschwisterneid gehören dazu. Lay erinnert daran, dass der erste Mord in der Bibel ein Brudermord ist. Er gibt zu bedenken, dass alles zwei Seiten hat. Das, was ein Mensch beneidet, hat einen Preis. Lay fragt: Sind wir bereit, den Preis dafür zu zahlen?

Bei der *Völlerei* gibt es viel zu sehen. Sie geschieht im Gegensatz zu vielen anderen Todsünden nicht im Verborgenen, sondern offensichtlich. Früher galten Fresser und Weinsäufer als Menschen, die allein auf ihren Bauch fixiert waren. Der Bauch – so der Vorwurf der Kirche – war ihr Gott. Die zweite fleischliche Todsünde ist wieder in Mode gekommen, wenn auch unter einem anderen Vorzeichen. Ein deutliches Sigma des Körperkults ist der gegenwärtige Streit um die richtige Ernährung. Das Essen ist zum Bekenntnis geworden, die Speisen werden religiös aufgeladen. Die Konfirmandin *Hannah Kreuer* nimmt in ihren Zeilen den Dönerkult vieler Schülerinnen und Schüler auf´s Korn.

Die Mutter aller Sünden, der *Hochmut*, wird von *Britta Schwering* vorgestellt. Hochmut ist für Schwering eine Gestimmtheit, eine innere Haltung, die andere richtend herabsetzt. Hochmut kommt immer asymmetrisch daher. Es gibt ein Oben und ein Unten, das Begegnung auf Augenhöhe verhindert. Hochmut stellt die Frage nach Macht und Ohnmacht, nach Nähe und Distanz.

Zu den 7 Reden über die 7 Todsünden gesellen sich 7 Erfahrungen. Es sind Alltagserzählungen, die es in sich haben. Ich bedanke mich für die Abdruckerlaubnis bei den Autorinnen und Autoren, allesamt Mitarbeiterinnen und Mitarbeiter in der Redaktion oder aus dem Umfeld von Andere Zeiten e.V., die ihre Texte in *wandeln – Mein Fasten-Wegweiser 2019* veröffentlich haben.

Es ist immer wieder verblüffend, Synchronizität zu erleben. Da beschäftigen wir uns mit einem Thema, und auf einmal begegnet es uns mehrfach. So ist es mir dieses Jahr mit dem Fasten-Wegweiser von Andere Zeiten gegangen. Nicht nur in den Herzogenrather Passionspredigten, auch im Fasten-Wegweiser 2019 waren die 7 Todsünden Thema.

„Traditionell wurde, um Menschen von den Todsünden abzuhalten, gepredigt und gedroht – und das massiv. Neidlingen wurden in der Hölle die Augen zugenäht, Lüstlingen die Schleimhäute versengt. Androhungen sind nicht das probate Mittel, um Menschen von den schädigenden Varianten der Todsünden abzuschrecken. Im Gegenteil: Die Angst begünstigt sie gerade. Viel wirksamer ist eine Kultur der gegenseitigen Wertschätzung, der Anerkennung und des authentischen Lobes“, schreibt Anton Bucher in seiner psychologischen Studie zu Geiz, Trägheit, Neid &Co (S.181).

Der Herausgeber hofft, dass der Geist des Evangeliums in den 7 Reden und 7 Erfahrungen deutlich vernehmbar wird.

Herzlichen Dank sage ich allen, die zur Veröffentlichung dieses Buches beigetragen haben, besonders aber meiner Lektorin *Juliane Siekmann*, die auch das Layout entworfen hat.

Joachim Wehrenbrecht

IRA

Zorn, Rachsucht,
Launenhaftigkeit,
Wut

Zorn

Zorn ist ein elementares Erleben, lässt Adrenalin, Kortisol und Testosteron in Bruchteilen von Sekunden in hoher Konzentration in den Körper schießen – und zwar in dem Moment, in dem der Geist erkennt, dass hier eine Kränkung vor liegt.

Wenn es um Macht und Stellung geht, entbrennt in vielen Männern Zorn – ein gefährliches Spiel mit dem Feuer und mit Menschenleben, da entfesselter Zorn immer auf Herabsetzung, ja gesteigert auf Vernichtung des Gegners aus ist. Wir dachten, dass diese Zornszenarien in einer zivilisierten Welt politisch hinter uns liegen, doch ein mächtiger Mann dieser Welt lehrt uns mit seinen zornigen Tweets neu das Fürchten.

Unterdrückte Wut, eine traumatische Kränkung, ein mit aller Macht in Schach gehaltener Zorn kann wie ein Krebsgeschwür Körper, Geist und Seele durchdringen, völlig apathisch machen, bitter und depressiv oder von einem zum anderen Moment zu einem Tobsuchtsanfall, zu wilder Raserei bis zum Verlust des Verstandes führen. Die jedes Mal mit Entsetzen in der Gesellschaft aufgenommenen Amokläufe junger, meist männlicher Erwachsener, offenbaren auch heute die tödliche Wirkung von Kränkung, die in rasenden Zorn umschlagen kann.

Von König Saul in seiner Tobsucht gegen David heißt es, dass der „böse Geist vom HERRN“ über ihn kam (1. Sam 19, 9). Zornesausbrüche sind ekstatische Erfahrungen, ein Außer-Sich-Sein, das einer Fremdbestimmung gleichkommt.

Kein Wunder, dass im Verlaufe der Kirchengeschichte die 7 Todsünden mit 7 Dämonen in Verbindung gebracht wurden. Dem Zorn wurde der Satan zugeordnet. Satan ist der Gegenspieler Gottes, der die Menschen zur Sünde verleitet.

Ob man nun mit dem theologischen Denkmodell des Satans als Ursache von Zornesausbrüchen rechnet oder den Zorn biologisch als in uns Menschen angelegtes Aggressionspotential erklärt, ist nachrangig gegenüber seiner zerstörerischen Wirkung. In diesem Sinn spreche ich von Zorn als Sünde. Sünde ist verfehltes und entfremdetes Leben, das uns voneinander, von uns selbst und von Gott abspaltet.

Zorn ist eine gefährliche Sünde, eine Sünde, die Beziehungen zerstört und mitunter über Leichen geht. Wer im Affekt vom Zorn ergriffen wird, erlebt sich wie ein Junkie im Drogenrausch. Sein Schmerzempfinden ist gleich Null, sein Aggressionsdepot ist übersättigt, sein Gefühl von Macht und Stärke wächst ins Unermessliche. Wer vom Zorn übermannt wird, fürchtet nicht den Tod, sondern stürzt sich ohne Angst tollkühn in den Kampf. Daher haben alle kriegerischen Gesellschaften die Zorneskraft ihrer Heroen verehrt. Wenn in einer Ständegesellschaft eine Kränkung vorlag, forderte man Rache, damit die Ehre wiederhergestellt wurde.

Wir leben nicht mehr in einer bürgerlichen Ständegesellschaft, das Duellieren ist verboten. Und dennoch duellieren wir uns in kleinen Privatkriegen weiter. Der Deutschen liebster Duellier-Ort ist das Auto. Hier lassen wir unserem Ärger, unserer aufgestauten Wut und unserem Zorn über Gott und die Welt freien Lauf. Da wird geflucht, geschrien und mit den Händen aufs Lenkrad gehauen, der Stinkefinger gezeigt, Drohungen ausgesprochen als ginge es ums Überleben. Einen Stau, jede kleine Verzögerung, keine freie Fahrt, eine Baustelle etc. erleben wir als Kränkung. Der angeblich freieste Ort im Jedermann- und Jedefrau-Kapitalismus, das Auto, erweist sich ganz banal als Kriegsschauplatz.

Kein Wunder, dass der negative Zorn hier sein Ventil findet, denn Zeitdruck und Kränkung sind unserem entfesselten Kapitalismus immanent. Die Todsünde des Zorns gilt im Straßenverkehr als normal. Der Kapitalismus hat es geschafft, ehemalige Todsünden in Tugenden zu verkehren. Und es läuft doch wie geschmiert, oder?

Neben die Verharmlosung und Umdeutung von Sünden, den Verlust der Rede von Sünde im öffentlichen Diskurs – neuerdings auch in der Kirche – tritt die Psychologisierung und wissenschaftliche Erklärung jeglichen Verhaltens. Das ist zuweilen ein Hohn auf den Geist des Menschen und seine moralische Verantwortung. Im Grunde genommen ist es doch ganz einfach. Genauso wie Liebe erfahrbar ist, ist Sünde erfahrbar. Dazu braucht es weder Psychologie noch Biochemie. Ich stimme Aviad Kleinberg zu, der in seinem Buch über die 7 Todsünden sagt: *„Die Sünde ist verlockend und abscheulich zugleich, die Möglichkeit zur Sünde macht den Menschen zum Menschen, und der Mensch macht die Sünde." (Einband)*

Wenn wir eine Gesellschaft wollen, die im Geist der Nächstenliebe immer das Wohl und die Rechte der anderen mit im Blick hat, dann gelingt das nur, wenn wir die Verantwortung für das eigene Handeln übernehmen und uns nicht ständig selbst rechtfertigen und andere für unser vermeintliches Unglück verantwortlich machen. Dem zornigen Macho, der andere unterdrückt, schlägt und peinigt, muss widerstanden werden. Dem Wutbürger, der in seiner Raserei das Recht selbst in die Hand nimmt, Sachen und Personen beschädigt, muss Einhalt geboten werden.

Menschen in der eigenen Familie, die mit ihrem Jähzorn Streit und Zwietracht säen, darf man nicht gewähren lassen. Auch sie müssen auf ihre Verantwortung für ein friedliches Miteinander immer wieder hingewiesen werden. Nicht durch ein ständiges Vorhalten, wie sie die Atmosphäre vergiften – das reizt eher zu weiteren Zornesattacken. Auch das Aufheizen des Streits durch Liebesentzug, Rückzug in Schweigen, Flucht oder aggressive Gegenangriffe bringt uns nicht weiter. Allein das persönliche Wort, was der erlittene Zorn für Gefühle auslöst, scheint mir hilfreich zu sein. Natürlich hilft es auch zu verstehen, warum der andere aufbraust, aber hinnehmen sollten wir unangemessene Verhaltensweisen nicht, gleich, ob sie sich im familiären, schulischen oder Arbeitskontext wiederholen.

Der Umgang mit jähzornigen Menschen ist heikel, aber von vornherein ausweichen und nicht das Beziehungsgespräch suchen, ist feige. Auf der anderen Seite dürfen wir nicht vorschnell jede Aggression und leidenschaftliche Äußerung verurteilen, denn Aggression gehört zum Leben und ist eine Gottesgabe. Das, was angemessen ist oder nicht, steht nicht ein für alle Mal fest und ist vom Kontext abhängig.

Ich nehme wahr, dass auf der einen Seite Hemmungen fallen und Zornes- und Gewaltausbrüche wie etwa im Straßenverkehr oder im Umgang mit Behörden, ja sogar mit Lebensrettern wie Sanitätern, zunehmen. Aber auf der anderen Seite gibt es kaum mehr in der Sache leidenschaftliche Auseinandersetzungen.

Es gibt viele aggressionsgehemmte Menschen in allen gesellschaftlichen Bereichen, die aus Angst, etwas falsch zu machen, gar nichts machen, nicht den Mund aufmachen, nicht kritisieren, einfach nur funktionieren und sich der political correctness der Gruppe anpassen. Alle tun so zivilisiert und verfolgen doch still und heimtückisch ihre egoistischen Ziele. Da ist mir doch tatsächlich der heldenhafte Kampf mit offenem Visier lieber.

Die Evangelien berichten nicht von einem zahmen, lammfrommen Christus. Christus hat seine Gegner öffentlich angegriffen, nicht aus der Lust heraus, sie zu diffamieren, auch nicht, weil er persönlich durch sie gekränkt war, sondern weil ihre religiösen Ansichten Menschen klein gemacht und sie mit ihrer Haltung die Menschenfreundlichkeit Gottes verleugnet haben. Christus war leidenschaftlich aggressiv für das Leben!

Denn neben einem zerstörerischen Zorn gibt es einen gerechten Zorn, der auf Veränderung drängt und der ähnlich energievoll agiert. Menschliche Aggressionen sind nicht an und für sich gut oder böse, sondern wie sie sich äußern und welche Ziele sie verfolgen, kann gut, böse oder vieles dazwischen sein.

Dem wilden, aggressiven und lebensfördernden Christus bin ich in der Kirche nicht oft begegnet. Eher tauchte der wilde Christus außerhalb der Kirche in Kunst und Literatur unerwartet auf. Auch ist Christus immer wieder – so glaube ich – anonym gegenwärtig, wenn Menschen es satthaben, sich selbst gängeln und die da oben mal machen zu lassen. Menschen, die sich für den Erhalt der Schöpfung einsetzen, die auf Veränderung von Gesetzen beharrlich hinwirken, um eine bessere Rechtslage für Mensch und Tier zu schaffen.

Seit Monaten gehen in Frankreich die Gelbwesten auf die Straßen und protestieren gegen eine Politik, die sie vernachlässigt hat. In den politischen Zentren der Macht werden die Ränder oft vergessen. Sie geraten aus dem Blickfeld. Für viele sogenannte Wutbürger hat sich eine Kränkung nach der anderen aufgehäuft. Ihr Zorn entbrennt, kippt leider immer wieder in die menschliche Sprache der Gewalt um und wird politisch aufgehetzt und missbraucht. Nichts anderes geschieht beim Brexit. Es ging von Anfang an nicht um die Sache, sondern um Vernachlässigung und Kränkung. Wie viel Kränkung verträgt ein Mensch? Wie viele Kränkungen vertragen Bürgerinnen und Bürger eines politischen Gemeinwesens?

In diesem Zusammenhang ist es interessant, dass Christus – obwohl er doch als Sohn Gottes die Macht dazu gehabt hätte – auf Spott, Verachtung und Gewalt eben nicht wie die griechischen Heroen oder andere Machthaber mit Zorn und Rache reagiert hat. Nein, er hat sich nicht in seiner Ehre verletzt gefühlt, sondern er hat am Kreuz noch für seine Peiniger gebetet: „Vater, vergib ihnen; denn sie wissen nicht, was sie tun!"(Lk 23, 34) Wir können uns gar nicht mehr vorstellen, wie die damalige Welt mit Unverständnis auf Christi Haltung in der Passion reagiert hat.

Mit dieser Unterbrechung des Zornes- und Gewaltkreislaufs hat Christus einen neuen Weg beschritten. Darin ist er uns Vorbild. Gewalt nicht mit Gewalt zu beantworten. Zorn nicht mit Zorn. Unrecht nicht mit Unrecht. Das ist eine an das Paradoxe grenzende Umkehrung der herrschenden Werte und bis heute abstoßend und anziehend zu gleich, die Crux unseres Glaubens: Paulus schreibt: „Das Wort vom Kreuz" ist den „Juden ein Ärgernis und den Heiden eine Torheit", uns aber „ist es eine Gotteskraft"(1.Kor 1,18ff).

Es ist die Liebe, die allein die Todsünde des Zorns heilt und überwindet.

Joachim Wehrenbrecht

Praktische Übung

wer damit begriffen ist,
der wütet und tobt zwo aller frist
und hat nicht wol die sinne sein
Heinrich Kaufringer, um 1400

In einem mittelalterlichen Gedicht von Heinrich Kaufringer über die 7 Todsünden werden diese als körperliche und seelische Erkrankung aufgefasst und beschrieben. Der verheerende Zorn wird hier psychosomatisch gedeutet, und dem Zornigen wird die Seelenarznei der göttlichen „Geistesgabe der Kunst" zur Heilung empfohlen. Es soll ein geistlicher Umgang mit der Charakterschwäche eingeübt werden und mit Gottes Geistwirken gerechnet werden. In der göttlichen Kunst sehe ich die Weisheit zu unterscheiden, ob die aufkommende Aggression lebensfördernd oder lebensverhindernd ist. Der Weise versucht, beim Aufkommen der mächtigen Aggression einen Schritt zurückzutreten, durchzuatmen und noch einmal nachzudenken, was die Worte und die Handlungen bewirken können. Das ist eine Form, Zorn zu bändigen und sich von der eigenen starken Emotion zu distanzieren.

Was kränkt mich? Was reizt mich derart, dass ich platzen könnte? Ist es die Dummheit der anderen? Ist es meine Ohnmacht und der damit verbundene Kontrollverlust? Was liegt darunter, kann ich mich mit erlittenen Kränkungen versöhnen und mich selbst und den anderen liebhaben? Bin ich bereit zu vergeben, oder halte ich die Kränkung fest?

Die Gabe der göttlichen Weisheit hilft mir, Abstand zu gewinnen: ob der Zorn nun von mir ausgeht oder ob ich ihn erleide, ist dabei gleich.

Die Gabe der göttlichen Weisheit führt mich in die Liebe, in die Vergebung, in die Versöhnung, in ein Leben mit Gott.

Erfahrung Jähzorn

Meistens spüre ich ihn rechtzeitig, diesen inneren Vulkan, der zuerst den Herzschlag beschleunigt, dann die Schweißdrüsen flutet und schließlich die Gehirnströme so blockiert, dass im Sprachzentrum nur noch Schimpfwörter griffbereit zu liegen scheinen. Dann kann ich den Ausbruch noch stoppen. Aber manchmal explodiert der Vulkan ohne Vorwarnung. Dann höre ich mich Sätze sagen, für die ich mich sofort schäme, und meine Hände ballen sich zu Waffen. Ich spüre, dass ich mich für das, was jetzt passiert, werde entschuldigen müssen. Die Auslöser für solche Zornesausbrüche habe ich nie verstanden. Warum bringt mich eine harmlose Bemerkung in der einen Situation zur Explosion, in der anderen nur zum Lächeln? Ein Erlebnis mit meiner damals dreijährigen Tochter half mir auf die Sprünge.

Ein Sommer-Sonntag zu zweit an der See. „A perfect day", um mit Lou Reed zu sprechen: Baden im Meer, Pommes auf dem Pfahlbau, Eis im Hörnchen – und nun durfte sie sich für den Abend noch in der Strandbuchhandlung eines der Pixi-Bücher aussuchen, die dort in einem riesigen Plastik-Bottich lagen. Meine Tochter nahm die Auswahl sehr ernst, blätterte bald in diesem und in jenem, verwarf das eine, nahm das andere – bis sie plötzlich und unvermittelt zu weinen anfing. Das Weinen steigerte sich schnell zu einem Schreien, jeder Trostversuch wurde mit Schlägen abgewehrt. Es dauerte nicht lange, bis wir die Aufmerksamkeit der gesamten Kundschaft gewonnen hatten, die nun amüsiert zuschaute, wie ich langsam das Vertrauen meiner Tochter zurückgewann und sie auf meinem Arm vom Ort des Geschehens wegtransportieren durfte.

So geduldig gehe ich mit meinem inneren Kind nie um, wenn es überfordert ist und sich nicht anders zu helfen weiß, als lauthals zu schreien. Vielleicht sollte ich einmal versuchen, den Zorn nicht gleich zur Sprache zu bringen, sondern in mir toben zu lassen, um mich dann selbst in die Arme zu nehmen.

Frank Hofmann

aus: wandeln – Mein Fastenwegweiser 2019

Luxuria

Wolllust, Ausschweifung,
Genusssucht, Unkeuschheit,
Unzärtlichkeit, Sittenlosigkeit

Wollust

Die Passionszeit dient allgemein dazu, das Leiden Christi und seinen Weg zum Kreuz zu bedenken. Aber dieser Blick auf das Leben Jesu soll auch dazu animieren, unser eigenes Leid als Teil der Nachfolge Jesu und unseren eigenen Anteil am Kreuzestod zu überdenken.

Es geht also im letzten Punkt darum, zu schauen, wo wir in unserem Leben ganz konkret Schuld auf uns laden, wie wir sie in Zukunft vermeiden können und was es heißt, sein Leben im Vertrauen auf die Liebe und Gnade Gottes hin zu gestalten. Es passt daher gut, dass wir in der diesjährigen Passionszeit einmal die Gelegenheit nutzen, besonders schwerwiegende Sünden in den Blick zu nehmen. In der katholischen Kirche hat sich dafür der Begriff Todsünde etabliert, aber wir können auch Bezeichnungen wie „zum Himmel schreiende Sünde" oder „Wurzelsünde" finden.

Die Idee, die hinter dem Begriff „Wurzelsünde" steckt, enthält die Vorstellung, dass es bestimmte sündhafte Einstellungen gäbe, die tief in der menschlichen Natur verwurzelt seien. Und als Resultat dieser Einstellungen würde ganz konkret gegen die Gebote Gottes verstoßen. Oder um es mit einem anderen Bild zum Ausdruck zu bringen: Todsünden bilden ein Fundament, auf dem alle weiteren Sünden aufbauen.

Zwar ist die Lehre von den Todsünden nicht biblisch und wird daher in der evangelischen Kirche in der Regel nicht übernommen, doch macht es durchaus Sinn, einmal zu schauen, wo wir im besonderen Maße gefährdet sind, vom rechten Pfad abzuweichen. Allen Todsünden ist gemein, dass es eine Schwelle gibt, hinter der aus richtigem und wichtigem Verhalten Unrecht wird.

Am letzten Samstag haben wir gehört, welche Gefahr darin liegt, vom Zorn übermannt zu werden und außer sich zu geraten. Und doch ist es richtig und wichtig, dass wir uns an bestimmten Stellen empören. Wer nicht empört ist, wenn Menschen beispielsweise aufgrund ihrer Religion oder Hautfarbe verfolgt werden, der lässt es an christlichem Mitgefühl und christlicher Nächstenliebe mangeln. Wenn Empörung aber in blinden Zorn umschlägt und man selbst zur wahllosen Gewalt greift, dann überschreitet man die Schwelle von Recht zu Unrecht.

Es ist auch ohne Frage richtig, dass man sparsam mit seinen Ressourcen umgeht. Auch wir als Gemeinde mussten schon den Gürtel enger schnallen und werden dies in Zukunft noch stärker müssen. Wenn aber aus Sparsamkeit Geiz wird, dann hat man sich ins Unrecht gesetzt.

Es gibt viele Menschen, die verdienen unsere aufrichtige Bewunderung. Dies ist eine Form der Anerkennung und kann mich selbst dazu motivieren, auch das Beste aus mir herauszuholen. Und trotzdem müssen wir uns davor hüten, dass aus Bewunderung Neid wird.

Gott hat viele gute Gaben für uns Menschen bereitgestellt. Wir haben nicht nur das Recht, sondern sogar die Pflicht, diese Gaben zu genießen. Wer grundsätzlich jedem Genuss entsagt, der kann Gottes Schöpfung nicht wirklich wertschätzen. Wer aber den Genuss übertreibt, der macht sich der Völlerei schuldig.

Schon im Schöpfungsbericht aus dem 1. Buch Mose wird berichtet, dass Gott am siebten Tag ruhte. Es ist völlig legitim, einmal innezuhalten, eine Auszeit zu nehmen, zur Ruhe zu kommen. Nur so kann ich neue Kraft sammeln, um beschwingt weitere Aufgaben in Angriff zu nehmen. Wenn aber die Ausnahme des Ausruhens zum lebensleitenden Prinzip wird, dann mache ich mich der Trägheit schuldig.

Ich werde vermutlich wenig im Leben erreichen, wenn ich nicht über genügend Selbstbewusstsein verfüge. Ich werde dann nicht den Mut aufbringen, auf andere Menschen zuzugehen, um Freundschaften oder gar eine Partnerschaft einzugehen. Ich werde nicht in der Lage sein, beruflich oder privat Verantwortung zu übernehmen oder mich neuen Situationen oder Herausforderungen zu stellen. Selbstbewusstsein ist also gut und notwendig. Wenn aber mein Selbstbewusstsein im übersteigerten Maße wächst, dann schlägt es in Hochmut um und meine arrogante Grundhaltung führt dann zu einem falschen Überlegenheitsgefühl anderen Menschen oder gar Gott gegenüber.

Den sechs Todsünden Zorn, Geiz, Neid, Völlerei, Trägheit und Hochmut ist also gemeinsam, dass sie eine pervertierte Form eigentlich richtigen Verhaltens darstellen. Oder um es mit einem Bild aus unserer Alltagswelt auszudrücken: Wenn es zum Beispiel Experten für verantwortlich halten, dass ich in der Regel mit 50 Stundenkilometern eine bestimmte Straße innerorts entlangfahren kann, dann darf ich dies unter normalen Umständen auch tun. Dann wäre es falsch, wenn ich ohne triftigen Grund mit nur 20 Stundenkilometern entlang schleichen würde, und dann wäre es fahrlässig, ja sogar kriminell, wenn ich stattdessen mit 100 Stundenkilometern durch die Stadt rasen würde. Und diese Grundstruktur, dass aus einem richtigen, ja sogar notwendigen Verhalten Sünde wird, wenn eine Übersteigerung vorliegt, findet sich auch bei der Wollust wieder.

Das lateinische Wort für Wollust heißt „luxuria" und es ist offensichtlich, dass unser Wort Luxus daraus abstammt. Wollust meinte also ursprünglich jede übertriebene Form des Genusses. Heute wird sie zumeist auf Ausschweifungen auf dem Gebiet der Sexualität verengt, sicherlich auch deshalb, weil ansonsten die Abgrenzung zur Völlerei nicht leichtfällt.

Gegen jede leibfeindliche Tendenz, die es zur Genüge im Laufe der Kirchengeschichte gegeben hat, wird man die menschliche Sexualität zunächst einmal für gut und völlig berechtigt erklären dürfen. Schon in der Schöpfungsgeschichte werden die ersten Menschen aufgefordert, fruchtbar zu sein und sich zu mehren. Gelebte Sexualität gehört zu den guten Gaben Gottes, die wir mit Genuss erfahren dürfen. Im Lesungstext haben wir vorhin einen Auszug aus dem Hohenlied gehört, in dem das Verlangen und die erotische Liebe ein literarisches Denkmal in der Bibel gesetzt bekommen haben.

Wer Sexualität in jeder Form verdammt und zur Sünde erklärt, der setzt sich selbst ins Unrecht, der argumentiert an der Lebenswirklichkeit der Menschen vorbei und beleidigt durch dieses Verhalten Gott. Die himmlische Liebe Gottes zu uns Menschen findet geradezu ihr Spiegelbild in der irdischen Liebe zweier Menschen zueinander.

Der Volksmund behauptet, dass Liebe blind machen würde. Dies wird im Alltag häufig genug passieren. Theologisch gesehen ist jedoch das glatte Gegenteil der Fall: Liebe macht sehend. Wenn ich jemanden aus tiefstem Herzen liebe, dann sehe ich das Besondere in ihm, das individuell in jedem Menschen steckt. Dann bin ich in der Lage, diese Frau oder diesen Mann ganzheitlich zu betrachten. Ich sehe die jeweiligen Stärken, auch jene, die man nicht auf den ersten Blick erkennt, und ich kann auch die Schwächen des Anderen annehmen, weil Liebe das Herz weitet und Verzeihen lehrt. Das hebräische Wort für die innigste Vereinigung zwischen zwei Liebenden bedeutet daher auch nicht ohne Grund: Erkennen. Und nun ist die Parallele zwischen der Liebe Gottes und der Liebe zweier Menschen vermutlich deutlich geworden.

Die Wollust, die unser eigentliches Thema darstellt, reduziert den anderen Menschen auf seine sexuelle Verfügbarkeit. Dieser Mensch wird eben nicht ganzheitlich gesehen, sondern findet nur soweit Beachtung wie es meiner eigenen Befriedigung dient. Im Neuen Testament findet sich an verschiedenen Stellen der Begriff der Unzucht wieder, der vielleicht der Wollust am ehesten entspricht. Wer jetzt in diesem Zusammenhang an Rocklängen oder fehlende Trauscheine denkt, der würde diesen Begriff bagatellisieren. Wollust liegt überall da vor, wo der jeweils andere menschenverachtend als reines Objekt gesehen wird.

Voyeuristisch betrachtet liegt dies zum Beispiel in der Pornographie vor. Insbesondere Frauen werden dabei auf ihre Körperlichkeit beschränkt. Mir macht es Sorge, dass in unserer digitalisierten Welt der Konsum pornographischer

Bilder und Filme insbesondere unter Jugendlichen deutlich gestiegen ist. Ich glaube, dass es schwer sein kann, einen partnerschaftlichen Blick auf Sexualität zu entwickeln, wenn die eigene Sichtweise durch einen solchen Konsum geprägt ist.

Auch das Phänomen der Prostitution fällt unter den Aspekt der Wollust. Hier werden Prostituierte regelrecht benutzt, die soziale oder psychische Not dieser Frauen oder Männer wird zur eigenen Befriedigung ausgenutzt. Um es noch deutlicher zu sagen: Nicht die Prostituierte ist primär zu verurteilen, sondern der jeweilige Freier. Glaubt man einschlägigen Studien, so reden wir dabei von bis zu 2 Millionen Männern pro Woche in Deutschland.

Paarbeziehungen sind sehr vielschichtig und für Außenstehende zumeist nicht wirklich zu durchschauen. Aber auch den Aspekt der Untreue können wir mitunter unter wollüstiges Verhalten packen.

Auch bei im Kern funktionierenden Partnerschaften mag es vorkommen, dass ein Partner sexuelle Abenteuer sucht und somit den Anderen oder die Andere verletzt. Wenn man die eigene Beziehung als so defizitär erlebt, dass man so nicht mehr weiterleben kann oder will, ist es fairer, dies gemeinsam zu besprechen als sich in ein Abenteuer zu stürzen.

Wenn dann im Gespräch diese Mängel nicht geklärt werden können, erscheint mir eine Trennung angemessen, bevor man sich wieder einem anderen Menschen öffnet und somit keinen Partner betrügt.

Die wohl schlimmsten Fälle von Wollust liegen aber dort vor, wo Sexualität dem anderen aufgezwungen wird. Wer einmal mit einem Vergewaltigungsopfer gesprochen hat, der weiß, dass eine solche Tat über Jahre und Jahrzehnte traumatisierend wirken kann. Vielleicht wird ein Opfer nie wieder sich vertrauensvoll einem anderen Menschen ganz öffnen können. Insbesondere der sexuelle Missbrauch von Kindern und Jugendlichen ist in diesem Zusammenhang auf das Schwerste zu verurteilen. Wer jetzt an die Missbrauchsfälle in der römisch-katholischen Kirche denkt, der wird vermutlich seine eigene Fassungslosigkeit artikulieren müssen. In dieser Woche wurde die Nummer 3 im Vatikan zu sechs Jahren Haft in Australien verurteilt, weil sie dort zwei Chorknaben missbraucht haben soll. Die Woche davor wurde ein anderer Kardinal in Frankreich zu sechs Monaten Haft verurteilt, weil er Hinweisen nicht nachgegangen war und so ein Priester sich weiter an Kindern vergreifen konnte.

Nicht nur angesichts des Leides der Opfer verbietet sich jede protestantische Häme ob dieser Enthüllungen. Die evangelische und die katholische Kirche sind keine unterschiedlichen Religionskonzerne, die um Macht auf dem Heilsmarkt konkurrieren, sondern wir sind zwei unterschiedliche Ausformungen der einen Kirche Christi. Wir gewinnen nicht, wenn es unserer katholischen Partnerkirche schlecht geht, sondern wir sind auch im Negativen mit ihr verbunden.

Ich hoffe, es ist deutlich geworden, dass mit der Todsünde Wollust nicht generell die menschliche Sexualität abgelehnt wird, sondern nur solche Formen, die menschenverachtend die Anderen zu reinen Objekten, zu Gebrauchsgegenständen degradieren. Wer aber partnerschaftlich seine Sexualität in gegenseitiger Verantwortung lebt, der hat dazu nicht nur das Recht, sondern der kommt seiner gottgegebenen Bestimmung nach.

Lasst uns die Sünde meiden und die Liebe leben.

Jochen Remy

Erfahrung Wollust

Ich war dem wundervollsten Menschen begegnet, den ich je getroffen hatte. Einfühlsam und liebevoll, charmant, offen, eloquent. Mit ihm konnte ich unglaublich tiefgründige Gespräche führen, wir sagten einander Dinge, die niemand anders über uns wusste, wir lachten, weinten und feierten zusammen, teilten viele Interessen und stemmten auch beruflich gemeinsame Projekte. Ein Jahr lang ging das so – und Monat für Monat wuchs mein Verlangen, ihm auch körperlich näher zu kommen. Bei ihm war es nicht anders, und als wir unserer Lust freien Lauf ließen, begann für uns beide eine sexuelle Revolution. Wir staunten selbst darüber. Wir konnten nicht voneinander lassen und liebten uns jedes Mal, wenn wir uns sahen. Ausgiebig und lustvoll. Wir waren nicht mehr nur noch seelenverwandt, sondern empfanden auch körperlich eine Nähe, die wir beide zuvor so nie erlebt hatten.

Die Veränderung kam schleichend. Wir stritten häufiger, er enttäuschte mich ein ums andere Mal und litt selbst darunter, ich ertappte ihn bei kleinen und größeren Lügen, unsere Gespräche wurden verkrampfter und gereizter. Zunehmend ging es nur noch um seine Bedürfnisse, und wenn ich ihm das sagte, schwieg er und zog sich in sich zurück. Ich spürte, wie viel meiner Kraft er aufsaugte, wie mein Selbstwertgefühl litt und ich an Lebensfreude verlor. Ich wurde immer stiller, unglücklicher und bedrückter. Aber eines blieb: die körperliche Anziehungskraft, die Lust und die totale sexuelle Erfüllung. Jedes Mal, wenn ich mir vornahm, ihm zu sagen, dass ich keine Kraft mehr für diese Beziehung hätte, schmolz mein Mut schon beim Anblick seines Körpers dahin. Und wenn er mich berührte, mir ins Ohr flüsterte, wie schön ich sei, und der Geruch seines Körpers in meine Nase strömte, vergaß ich alles, was ich mir vorgenommen hatte.

Fünf Jahre bin ich bei ihm geblieben. Dann ging nichts mehr. Traumatisierung und emotionaler Burnout hieß die Diagnose der Therapeutin, die ich aufsuchte. Als ich mich endlich trennte, sagte er nur einen einzigen Satz: „Ich kann dich verstehen.“ Ich selbst brauchte Monate, um mich zu verstehen. Nie hätte ich gedacht, dass ich zum Stillen meiner Lust so weit gehen könnte, mir selbst so sehr zu schaden und mich derart zu verausgaben, dass ich mich dabei sogar um ein Haar selbst verloren hätte.

Fee Sander

aus: wandeln – Mein Fastenwegweiser 2019

Avaritia

Geiz, Habgier

Geiz

Mt 25,14-30

Im kleinen Vorbereitungskreis zur Planung der diesjährigen Herzogenrather Passionspredigtreihe, fand die Idee, einmal ausführlich und einzeln über jede der 7 sog. Todsünden nachzudenken, schnell einen äußerst lebhaften Zuspruch unter uns. (Vielleicht auch deshalb, weil jeder/jede irgendwie Bilder, Zuordnungen und eigene Beurteilungen über die jeweilige Verwerflichkeit dazu im Kopf hat...) Aus der Erinnerung haben wir eine Aufzählung versucht, überlegten eine logische Folge, trugen lose unser Vorwissen und Anfragen zusammen: Zorn, Wollust, Geiz, Trägheit, Neid, Völlerei und Hochmut... Die mittelalterliche Kirche hat diese Auffälligkeiten, diese Ausprägungen von Verhaltensweisen, verbunden mit der Androhung von Höllenstrafen nach dem Tod – nachdem zuvor christliche Mönche um das Jahr 400 n. Christus gegenüber den Tugenden die Laster ihrer Zeit als abschreckend gebrandmarkt hatten.

Bildende Künstler wiederum, Schriftsteller und Schauspieler regten gerade diese Phänomene an, sie anschaulich und hörbar in manchmal drastische Werke umzusetzen: malend, schreibend, parodierend. Mit Leib und Seele also sind sie die sogenannten Todsünden bewusst gemacht und ins Bewusstsein gebracht worden als Fälle menschlicher Schwächen, als Leidenschaften, – die Leiden schaffen.

Übersetzen wir Leidenschaft nun als Passion (und befassen uns also mit ihr in dieser vorösterlichen Passionszeit), dann liegen die folgenden Fragen nahe: Inwieweit und inwiefern sind diese, als Todsünden bezeichneten, dunklen Seiten und Übertreibungen für uns heute bedeutsam? Welche Ausformungen haben die Passionen in unserer persönlichen Lebenswirklichkeit? Und wie begegnen wir ihrer mehr oder weniger zerstörerischen Kraft?

Nach Zorn und Wollust soll es nun heute – ich benutze mal ein Sprachbild – „dem Geiz an den Kragen gehen." Dem Geiz als Wurzel allen Übels?! Wenn es nach der heutigen Einschätzung geht, wird diese Form menschlicher Schwäche tatsächlich für die verwerflichste von allen gehalten! Das ist allerdings erstaunlich!

Der Salzburger Religionspädagoge Anton Bucher hat 2012 eine empirische Studie zu den 7 Todsünden veröffentlicht (siehe Literaturverzeichnis). Es wurden 376 Personen befragt, welche Todsünde die verwerflichste sei. Die Befragten schätzten die in der Antike und im frühen Mittelalter als ärgste Todsünden bezeichneten Hochmut/Stolz und Wollust als (mittlerweile) sehr viel harmloser ein als frühere Generationen, die die Wollust als die „den qualvollen Tod bringende Sünde" zuerst benannten und sich besonders ängstigten, von ihr übermannt zu werden.

Die Erklärung der Studie: Da bei der Bewertung von Lebensqualität eine Partnerbeziehung als sehr hoch geschätzt wird, ist es für die Attraktivität ein absolutes No-go, es geht gar nicht, bei der Partnersuche und -findung als geizig oder knauserig erlebt zu werden. Mit einem verklemmten, sich alles übertrieben absparenden Pfennigfuchser, einem verbitterten Geizhals, Kleinkrämerei und Erbsenzählerei betreibenden Menschen, der seine Umgebung argwöhnisch beäugt, ob sie ihm nach dem Besitz trachtet und ihn auszunutzen versucht – mit solch einem Menschen möchten 88% von 376 Befragten nicht zusammenleben und etwas zu tun haben. Und sie selbst möchten auch nicht in den Verdacht kommen, sich derart – also geizig, knickrig – zu verhalten. Niemand will geradezu lächerlich wirken in seiner Gier nach immer mehr Besitz. Und auf keinen Fall so sein wie die Charaktere und Karikaturen, die wir aus Theaterstücken und Verfilmungen kennen: den verbiesterten, seit seiner Jugend verbitterten, verknöcherten, hartherzigen Ebeneezer Scrooge aus dem Weihnachtsmärchen von Charles Dickens, der erst angesichts des nahenden Todes zur Besinnung kommt, oder die Parodie von Dagobert Duck und Molières Geizigen.

Geiz ist geil? Nein, wohl eher eben nicht. Geiz ist sogar eine der häufigsten Ursachen für Ehe- und Partnerprobleme und das Scheitern von freundschaftlichen Beziehungen: Da wird nicht länger ausgehalten, dass der andere sich auf Kosten des anderen bereichert und auslebt, da wird nicht mehr hingenommen, dass immer nur einer gibt und der andere immer nur nimmt, sich zurückhält, sich entzieht, den Gürtel immer enger schnallt.

Szenenwechsel – Gegensätze

Also hat Gott die Welt geliebt, dass er seinen eigenen Sohn gab, damit alle, die an ihn glauben, nicht verloren werden, sondern das ewige Leben haben.
Johannes 3, 16

Dazu also ist Jesus in die Welt gekommen, dass er der Welt das Leben bringe. Und zwar das Leben in Fülle. Leben in Fülle für die Welt?! Was ist das für „eine“ Welt, die Welt, in der wir leben? Und was bedeutet es, „aus dem Vollen schöpfen zu dürfen“? Fülle und Geiz im Blick auf die globalisierte Welt, in der Völker und Kontinente immer mehr zu Nachbarn werden?

Was hat das alles mit unserem Bekenntnis zu Jesus Christus, dem Herrn der Welt und unserem Retter zu tun? Globalisierung ist ein schillernder Begriff. Man begegnet ihm heutzutage selbstverständlich. Aber wenn wir einmal herumfragen, was Globalisierung denn überhaupt ist, dann erhalten wir viele verschiedene Antworten, und wahrscheinlich sind sie alle irgendwie richtig und irgendwie nicht.

Globalisierung, so könnten wir zusammenfassend sagen, ist ein Vorgang, eine Entwicklung, die unvermeidbar ist und die wir auch nicht umkehren können. Im Zeitalter der Kommunikationstechnologien, vor dem Hintergrund rasanter Entwicklungen im Computerbereich, sind die Strukturen unserer Weltgesellschaft transparenter geworden. Es scheint so, als ob wir näher zusammengerückt seien – obwohl die Entfernungen nicht kürzer geworden sind. Aber schneller geworden, das sind sie.

Mit dem Handy telefonieren wir rund um den Globus. Es ist kein Problem, von Jamaica mal eben nach Herzogenrath oder Merkstein zu mailen und einen Einkaufszettel durchzugeben, damit, wenn man Stunden später in Düsseldorf landet, Spargel auf dem Tisch steht, der gestern noch in Peru auf dem Feld war.

Globalisierung, das ist auch die Erklärung für alles Mögliche: Für den Abbau von Arbeitsplätzen, für die Verlagerung von

Firmensitzen, für die Wirtschaftlichkeit und Fusionierung von Unternehmen, aber auch für die Forderung nach Arbeitsschutzvorschriften in Malaysia, für internationale Umweltschutzstandards und vieles, vieles mehr.

Mit der Verdichtung der Kommunikation und Wahrnehmung erleben wir auch einen Wandel unseres Weltbildes: Ein Beispiel: Eine Gallenentzündung ist in Nigeria mit großer Wahrscheinlichkeit eine tödliche Erkrankung. Noch vor kurzem wurde eine solche Krankheit als Schicksal hingenommen und ertragen. Heute ist sie dort noch immer eine tödliche Erkrankung, aber die Menschen in Nigeria wissen, dass sie daran nicht sterben müssten. Moderne Kommunikationstechnologien sorgen dafür, dass auch in Nigeria bekannt ist, dass man Gallenoperationen in Europa ambulant durchführen kann und die Menschen nach spätestens drei Tagen wieder gesund und munter sein können. Umgekehrt erleben wir sehr viel unmittelbarer, dass Menschen in Nigeria keine ausreichende Gesundheitsversorgung haben. Und in diesem Erleben, in dem Wissen darum, dass man helfen könnte, wenn man helfen wollte, brechen die Fragen nach Gerechtigkeit und Teilhabe auf.

Ja, wir sind beim Thema Geiz. Abgeben, Vorenthalten, Nicht-Teilen: Know-how, praktische Hilfe, Ressourcen... Dass Jesus die Fülle des Lebens bringt, steht im Johannesevangelium, in dem uns auch das „Ich bin-Wort“ Jesu überliefert ist, in dem Jesus sich als Hirte bezeichnet. Im Bild vom Leben und der Fülle stecken die grüne Aue und das frische Wasser aus Psalm 23. Über die Nahrung des Leibes und das Leben in der Welt hinaus gehört zu diesem Leben und seiner Fülle die gewisse Hoffnung auf das ewige Leben.

Gnade, Barmherzigkeit und Vergebung der Schuld gehören dazu, denn es heißt schon hier. Ich bin der gute Hirte, der gute Hirte lässt sein Leben für die Schafe.

Bei Jesus geht es um Leben und Fülle im doppelten Sinne. Einmal im Blick auf das Leben in der Welt und die in diesem Leben enthaltenen überschwänglichen guten Gaben Gottes: erfülltes Leben, satt zu essen, das tägliche Brot für den Leib und die Seele im Überfluss. Und es geht um das uns in Jesus Christus geschenkte ewige Leben, das auch der Tod nicht mehr zerstören kann. Um das Leben im vollendeten Reich Gottes, zu dem wir jetzt schon gehören und an dem wir Anteil haben, auch wenn wir noch in einer unerlösten Welt leben.

Hinsichtlich des letzten Gedankens kommt alles von Gott (eschatologischer Vorbehalt). Wir können das Reich Gottes nicht schaffen, wir können es nur glauben und hoffend und bittend daran mitwirken, dass es geschieht: Dein Reich komme!

Von diesem Glauben her jedoch und von unserer Hoffnung auf dieses Reich Gottes getragen, strahlt schon etwas aus in unsere Zeit. Nicht erst in Ewigkeit, nein, jetzt schon kann von dieser Perspektive der Vollendung und der Fülle her das Leben in der Welt angepackt werden.

Und so gilt natürlich in unsere Zeit hinein. Leben und Fülle – das heißt: Brot statt Hunger für die Welt – „unser tägliches Brot gib uns heute“. Schuld bekennen und Schuld vergeben – „und vergib uns unsere Schuld, wie auch wir vergeben unseren Schuldigern“. Leben statt Elend, Krieg und Tod – „und erlöse uns von dem Bösen“. All das steckt drin in diesem Bild vom Leben und der vollen Genüge – von dem, was uns gegeben ist, bei uns veranlagt ist – wie bei den Menschen im Gleichnis von den anvertrauten Talenten.

Nun bedeutet dies im Konkreten sicherlich sehr Unterschiedliches, vor allem, wenn man den Blick global weitet: Unser tägliches Brot – für die Jüngeren unter uns gehören da selbstverständlich auch die Beilagen, die Cola, die günstigen Klamotten, der PC, das Smartphone, Geld für's Shoppen und vieles mehr hinzu. Für uns Ältere der Urlaub, das Dach über dem Kopf (am besten das eigene Haus), die Liebe und Fürsorge eines Menschen, der sich um uns kümmert, beste ärztliche Versorgung, das Auto, wenn man es für die Arbeit braucht, Alterssicherung, Erhaltung des Lebensstandards und so weiter.

Für einen Menschen im Sudan könnte es bedeuten: Für heute einen Becher sauberes Trinkwasser und einen Maisfladen, oder die Chance, dass nicht drei von sechs Kindern sterben, sondern vielleicht nur eines. Ja – so drastisch. Weide für das Vieh und ein Tag ohne Krieg. Für die Menschen in China könnte es bedeuten: die tägliche Tasse Reis und vielleicht auch die Möglichkeit, das zweite Kind behalten zu können, auch wenn das erste schon ein Junge war.

Nur Stichpunkte, die aber deutlich zeigen: Wie unterschiedlich unser Leben und Erleben von Fülle ist: Wir wollen immer mehr, immer billiger, immer komfortabler – die Wirtschaft und der Lebensstandard sollen wachsen. Ist dies nicht der Fall, klagen wir und sind niedergeschlagen. Und anderswo will man einfach nur Brot, gerechten Lohn oder

Frieden für die Familie und das Leben. Trotzdem sterben schon die Kinder und verhungern die Eltern.

Das Tragische oder vielmehr das Verhängnisvolle bei alledem ist: Es hängt miteinander zusammen: Irgendwie halten wir Menschen durch unser Tun und Lassen die Verheißung vom Leben und der Fülle zurück – verhalten wir uns so, dass ein Großteil der Menschheit zu kurz kommt, weniger Anteil und Zugang hat zu den natürlichen Ressourcen. Wir hier in der westlichen Welt tun das meistens noch nicht einmal in böser Absicht oder mit Kalkül. Aber dadurch, dass wir so leben, wie wir es tun, stören und verhindern wir Gottes Absicht, allen Menschen Leben und die Fülle zu schenken. Mit unseren Sorgen und Ängsten, mit unserem selbstgerechten und egoistischen Streben sammeln wir nicht nur bildlich gesprochen unser Brot in Scheunen, wir bekommen trotzdem nie genug und nehmen es anderen auf indirekte Art weg. Ob es uns bewusst ist? Durch unser eigenmächtiges Streben verletzen wir die Souveränität Gottes, der möchte, dass es gerecht zugeht auf der Welt und jeder sein täglich Brot erhält. Die Werbung für den Geiz ist inzwischen zum geflügelten Wort gewordenen – zum Spruch, der mehr meint als Elektrogeräte und Computer. Das Motto steht für gnadenlosen Preiskrieg, für Aktionsangebote und dem Rennen nach immer mehr und immer billiger.

Ein weiteres Beispiel: Wenn wir heute Abend mit unseren Lieben vielleicht noch ausgehen und in einem netten Restaurant einen „Salat mit Putenbruststreifen" oder ein saftiges Hähnchenfilet bestellen, dann können wir sicher sein, dass wir es mit Globalisierung zu tun bekommen. Denn eine ganze Industrie sorgt dafür, dass zartes, mageres Geflügelfleisch hier bei uns billig und in großer Zahl angeboten wird. Was geschieht mit dem Rest vom Huhn? Alle Hühnerreste, Beine, Flügel, Abschnitte werden zum Beispiel nach Ghana exportiert. Die Geflügelzüchter dort können ihre Produkte nicht mehr verkaufen. Den Preis für unseren Geiz bezahlen die Geflügelbauern in Ghana, die Fischer im Senegal und die Lidl-Verkäuferin in Herzogenrath oder in Oberammergau, die mit dem Einkommen aus ihrer Vollzeitbeschäftigung nicht genug verdient, um ihre Lebenskosten dauerhaft decken zu können.

„Auf dass alle das Leben in Fülle haben?!" Was tun wir dafür und wie sieht unsere Wirklichkeit aus? „Du kannst nicht zwei Herren dienen: Gott und dem Mammon!" Wem dienen wir? In der Erinnerung daran, dass wir von der Gnade und Barmherzigkeit Gottes leben, und Christus es ist, der uns gerecht spricht, gilt es zu bekennen: Ja, ich bin schuldig. Ich habe Schuld an der Ungerechtigkeit der Welt. Ich greife ein in die Souveränität Gottes, weil ich mir selbst das Leben sichern möchte, statt es mir von Gott je und je neu schenken zu lassen. Er vermag mich doch zu erhalten.

> Ich bekenne, nicht genug auf ihn zu vertrauen und immer wieder auf mich und meine Kraft und meinen Erfolg zu bauen. Ich bete zwar „unser täglich Brot gib mir heute", aber ich meine dann immer, es mir möglichst günstig auf Vorrat doch selbst holen zu müssen.
> Ich bekenne, dass dieses Verhalten anderen Schaden zufügt.
> Ich bekenne aber auch: Ich weiß oft nicht, wie ich solches Verhalten im Grundsatz meiden kann. Aus dem Zusam-

menhang globalisierter Ungerechtigkeit und aus den Konflikten komme ich nicht heraus und bin ein Teil davon.

Dieses Bekenntnis ist vielleicht ein erster Schritt hinein in die Arme unseres Gottes. Er, der gerne gibt und vergibt und Gebrechen heilt, kann uns hier voranbringen. Mit dem Bekenntnis unserer Schuld kommen wir zurück zu ihm. Aus der anderen Perspektive: Unsere Ohnmacht und unsere Schwachheit sind die Tore, durch die Gott und seine Liebe in unser Leben einziehen können. Da, wo wir ihm Platz machen und unsere Kraft, unsere Ansprüche und Vorstellungen beiseitestellen, da kann er uns mit seiner Kraft verändern.

Von Martin Luther werden wir feierlich an die „Freiheit des Christenmenschen" erinnert. „Ein Christ ist ein freier Mensch und niemandem untertan!" und weiter: „Ein Christ ist ein Knecht und jedermann untertan!" „Der Christ lebt nicht geizig für und in sich selbst, sondern in Christus und seinem Nächsten, in Christus durch den Glauben, in seinem Nächsten durch die Liebe."

Die traurige Erkenntnis, dass wir alle in einer Welt leben, die auf die Erlösung wartet, die gezeichnet ist durch Leid und Sünde, in der wir gleichzeitig Täter*innen und Opfer sind – diese Erkenntnis könnte uns zaghaft und kleinmütig machen. „Wir können ja doch nichts tun..., welchen Einfluss haben wir denn schon...!" Nein, so soll man gerade seit der Reformation nicht denken. So sehr wir verstrickt sind in die Bande dieser nicht-erlösten Welt, so verlässlich ist die Verheißung Jesu: Ich bin gekommen, auf das alle das Leben in Fülle haben. Im Licht der Reformation betrachtet dürfen wir glauben, dass uns diese Verheißung zugesagt ist, wir müssen nicht zweifeln und verzweifeln. Uns ist das Heil längst zugesagt. Gott sei Dank – wir werden nicht nach den Bilanzen oder Aktienkursen unserer irdischen Taten bewertet! Aber wir können von Gottes Liebe her Zeichen setzen: gegen den Geiz und die Gier und für die Teilhabe.

Okuli heißt der morgige Sonntag. Ich höre dabei den Auftrag: ein Auge aufeinander zu haben und als erstes aus der Fülle der Liebe Gottes einen Blick auf die Bedürfnisse und die Not derjenigen zu lenken, die so weit weg sind und doch so nah, nämlich „nur" in Südostafrika wie zum Beispiel zuletzt die Opfer der Zerstörungen in Mozambique, Mali und Zimbabwe. Um das zu tun, müssen wir nicht die Welt aus den Angeln heben (das kann nur Gott allein). Wir dürfen ganz kleine Schritte tun, und wir müssen nicht stark sein.

Paulus konnte sagen: Gottes Kraft ist in der Schwachheit mächtig. Gottes Souveränität braucht nicht zuallererst unsere Stärke, sie braucht eher unser dankbares Annehmen: Gott braucht Menschen, die sich alles zum Besten dienen lassen; Menschen, die Gottes Kraft, seine Güte und Barmherzigkeit in sich mächtig werden lassen; Menschen, die „Raum geben" statt den „Gürtel immer enger zu schnallen". Er braucht Menschen, die sich in großer Freiheit von allem An-sich-Reißen, Raffen- und Besitzen- und Beherrschen-Wollen ganz und gar auf seinen guten Willen für uns verlassen. Menschen, die ihm vertrauen und seine Liebe freimütig weitergeben – ganz ohne Geiz!

Renate Fischer-Bausch

Erfahrung Geiz

Ich griff sofort nach dem Büchlein, als ich es in der Grabbelkiste liegen sah. „Zwar ist auch Dichtung Sünde“ stand als Titel darauf. Gedichte des englischen Autors John Donne. Ein Zeitgenosse Shakespeares auf dem Flohmarkt in meinem Heimatdorf, zwischen Rosamunde-Pilcher-Romanen und Reader’s-Digest-Auswahl-Bänden. Kurioser Buchtitel. Kurios auch, dass innendrin eine Widmung in bekannter Handschrift stand. Eine frühere Lehrerin von mir hatte es einem früheren Lehrer von ihr geschenkt, zum 80. Geburtstag. Der war wohl inzwischen gestorben – und sein Buchnachlass auf dem Flohmarkt gelandet.

Meine alte Lehrerin und ich hatten lose Kontakt gehalten. Alle paar Jahre meldete ich mich bei ihr. Meist zu ihrem Geburtstag im September. Das Buch nehme ich mit und lege es in ihre Hände zurück, dachte ich mir. Vielleicht wenn sie selbst 80 wird. Den Fund gleich wieder aus der Hand geben wollte ich nicht. Zuerst wollte ich selbst darin lesen. Meine alte Lehrerin war schon längst pensioniert, aber bis zu ihrem Achtzigsten war es noch einige Zeit hin.

John Donnes Gedichte standen im Regal, machten einen Umzug mit, gerieten in Bücherkisten im Keller, dann in Vergessenheit. Als meine alte Lehrerin mit Ende 70 starb, hatte ich das Buch immer noch in meinem Besitz. Allerdings hatte ich noch keine Zeile darin gelesen.

Als ich den Band endlich aufschlug, fand ich diese Verse über das Haben und Besitzen darin:

Gut ist nicht gut am End
geht's nicht durch tausend Händ.
Doch vom Geize wird's verschwendt.

Kai-Uwe Scholz

aus: wandeln – Mein Fastenwegweiser 2019

Acédia

Trägheit, Überdruss, Faulheit

Trägheit

Lk 10, 38-42

I Maria und Martha: Lob der Trägheit

Es ist unglaublich still in der Kirche von Taizé. Um die 3.000 junge Menschen sitzen auf dem Fußboden und schweigen, beten in der Stille mit den Brüdern der Gemeinschaft von Taizé. „Bleibet hier und wachet mit mir, wachet und betet." Es ist so still wie ganz selten einmal, kein Husten oder eine Sommerfliege, welche die Stille durchbricht. Meine Gedanken driften: links und rechts und dann noch dreimal ums Eck.

Es passiert nichts in dieser Stille. Und es soll auch nichts passieren. Manchmal fragen die Jugendlichen die Brüder der Gemeinschaft von Taizé, was sie denn machen müssten, dort, in der Stille. Und bis jetzt habe ich die Brüder immer antworten hören, dass sie nichts tun müssten, dass es keine Art gebe richtig still zu sein – solange man die anderen nicht störe. Dass sie selbst manchmal ganz intensiv beten. Und dass sie manchmal selbst abgelenkt seien. Es passiert nichts, es wird nichts erwartet in dieser Stille.

Nur die Stille, in die man sich fallen lassen kann, in die man manchmal fällt. Nichts passiert. Ein Lob der Trägheit? Im Evangelium, das wir eben gehört haben, ist mit Maria ein Vorbild für diese Stelle gegeben. Maria, die wartet, zu Jesu Füßen sitzt, zuhört, wartet, still ist. Maria hat das gute Teil erwählt. Ein Lob der Trägheit?

II Trägheit: Akédia

Das wäre verwunderlich. Sie haben mich ja eingeladen, um über die Trägheit als Todsünde zu sprechen. Die Trägheit ist nicht nur eine Todsünde, sondern die schlimmste, allen anderen zugrunde liegende Todsünde. So schreibt der Abt Evagrios Ponticos im 4. Jahrhundert. Er warnt seine Mönche vor dieser Sünde, vor der „A-kédia". In der ursprünglichen Wortbedeutung meint „A-kédia" die „Nicht-Sorge", die Sorglosigkeit und die Überdrüssigkeit. Evagrios identifiziert diese Akédia mit dem Mittagsdämon, wie er in Psalm 90 beschrieben wird – das Phänomen, das man nach dem Mittagessen kurz mal allem überdrüssig ist, ist scheinbar keine moderne Bürokrankheit.

Es hat einen gewissen Charme, wenn man gerade sehr verzweifelt versucht, seine Dissertation nicht weiter aufzuschieben und eigentlich noch zwei wichtige, neu erschienene Artikel lesen muss. Und dann bei Evagrious Ponticus – wie gesagt im 4. Jahrhundert – diese Beschreibung der Akédia findet: „Wenn der von Akédia befallene liest, dann gähnt er ständig und steht immer kurz davor einzuschlafen. Er reibt sich die Augen und streckt die Arme, er blickt vom Buch weg und starrt die Wand an, fängt kurz wieder an zu lesen und blättert hin und her, er schaut, wie weit entfernt das Ende des Buches und kalkuliert die Anzahl der Rollen. Später schließt er das Buch und legt es unter seinen Kopf und schläft ein, aber nicht sehr tief, sondern nur solange, bis der Hunger ihn weckt."

Manchmal bleiben sich Menschen über die Jahrhunderte sehr treu. Es ist eine sehr, sehr nachvollziehbare Beschreibung, für jede, die schon mal während ihrer Promotion nachts um 12 am Kühlschrank stand, um zu schauen, ob sich seit den letzten 10 Minuten irgendwas am Inhalt verändert hat. Dass dies Trägheit sein soll, verwundert einen nicht. Aber: im Buch blättern, unkonzentriert sein, sich lieber schlafen legen oder an den Kühlschrank gehen anstatt weiter zu arbeiten, sind nicht die Trägheit selbst. Es sind Symptome der Trägheit, der Akédia.

Und dieses Symptom weist auf ein dahinterliegendes, viel gravierenderes Problem: Die Akédia ist die Sorglosigkeit, das „Sich-Gehen-Lassen" – es kümmert einen nichts. Und weil es einen nicht kümmert, deswegen ist man unkonzentriert. Es ist einem egal. Das ist, warum Evagrios die Akédia als größte Sünde beschreibt: Es ist einem alles egal, man kümmert sich nicht mehr, man sorgt sich nicht, man erledigt alles ein wenig lieblos. Die Trägheit ist keine einzelne Handlung, sondern der Verweis auf die dahinterliegende Haltung: Sich kümmern, sich sorgen, heißt sich auf die Welt einzulassen, in der Fülle des Lebens. Das Gegenteil von „Sich-Gehen-Lassen" ist „Es-Sich-Angehen-Lassen". Wer es sich nicht angehen lässt, der ist träge.

Wie sich diese Trägheit ausdrückt, kann dann ganz vielfältig sein: Es kann heißen, dass man resigniert, seine Situation nicht mehr ändern will – oder noch tragischer, seine Situation eigentlich ändern will, aber nicht mehr die Kraft hat, sie zu ändern. Und die Beschreibung der Akédia bei Evagrios ist an vielen Stellen nicht scheltend oder mahnend, wie man das erwarten könnte für eine Sünde. Sondern – so lese ich es – sie ist mitfühlend. Evagrios sorgt sich um seine Mönche, die von Akédia befallen sind, die an ihr leiden.

Wenn das eigene Leben einen nichts mehr angeht, und man das Gefühl hat, eigentlich das Leben einer anderen zu leben, mit meinem Leben eine Geschichte zu erzählen, die eigentlich nicht meine ist – das kann Akédia, die Trägheit sein.

Es kann heißen, so geschäftig weiterzuarbeiten, dass der Burnout nicht mehr vermeidbar ist. Das ist dann eine Form von „hektischer Trägheit“. Mir ist diese Formulierung eingefallen, als ich beim Schreiben dieser Predigt die Brexit-Debatten im britischen Unterhaus angesehen habe. Äußerst geschäftig, hektisch, von Zwischenrufen und hochkochenden Emotionen unterbrochen, „Order, order!“, und dabei gleichzeitig überraschend sorglos. Sorglos, als ob das, was dort im Unterhaus geschieht, nichts mit den Menschen zu tun hätte. Es scheint nicht wirklich zu kümmern, was wird, das Unterhaus lässt sich in größter Hektik gehen, es lässt sich nicht ein – nicht auf neue Vorschläge und Sichtweisen, sondern hält fest. Brexit heißt Brexit. Die Situation wird als unveränderlich empfunden, es wird gar nicht erst geschaut, ob es andere Erzählungen geben könnte.

Trägheit kann sich auch im ständigen Gestalten-Wollen ausdrücken, das gar nicht mehr fragt, ob nicht auch andere Erzählungen möglich wären, sondern nach Lösungen sucht, dabei aber doch immer nur auf dieselben drei Ideen kommt: Indem man bei dem bleibt, was man eh schon kennt.

III Hektische Trägheit versus engagierte Gelassenheit

Es ist unglaublich laut auf dem Hohenzollernring in Köln. „Wir sind keine Bots!“, „Nieder mit Artikel 13!“. Aber es ist zumindest eine Demo in angenehmen Lauftempo, und vermutlich ist es bei einer Demo für die Freiheit des Internets angemessen hin und wieder auf sein Handy zu gucken.

Die Freundin, mit der ich laufe, zeigt mir ein Video: „Ok, in London sind es 2 Millionen gegen den Brexit. Das ist etwas größer."
„Apropos, sehen wir uns dann eigentlich bei der Pride?"
„Ja, außer du kommst vorher noch zum March for Science?" (March for Science ist der Fridays for Future für Leute über 30.)
Ich lache: „Kann es sein, dass wir uns dieses Jahr nur zum Demonstrieren treffen?"
Sie entgegnet: „Schon. Aber wat willste machen?"
Manchmal ist es nötig zu handeln, es gibt Situationen, in denen man nicht abwarten kann. Wat willste machen.

Es ist manchmal nötig zu handeln, zu demonstrieren, die Sorge um die Welt auch zu zeigen; zu zeigen, wie andere Erzählungen über die Welt funktionieren könnten. Das Sehnen nach einer besseren Welt auf die Straße zu tragen. Sich sorgen kann heißen, laut neue Erzählungen einzufordern – ohne dass daraus schon eine genaue Handlungsanweisung erwächst, was wir tun sollen. In meiner Dissertation überlege ich, ob das Gegenteil einer solchen hektischen Trägheit eine engagierte Gelassenheit sein kann. Sich einlassen auf die Welt – und gelassen damit umgehen, dass dieses Engagement scheitern kann. Sich sorgen – und aushalten, dass diese Sorgen schmerzlich sein können, dass Engagement scheitern kann. Und sich dennoch, immer wieder, auf neue Erzählungen, auf überraschende alte Erzählungen, auf andere Geschichten einlassen.

Das würde ich als engagierte Gelassenheit verstehen. Engagiert, weil sie nicht glauben will, dass die gerade gültigen Erzählungen wirklich end-gültig sind. Gelassen, weil sie damit rechnet, dass sie nicht vorherbestimmen kann, wie die Erzählungen letztendlich ausgehen, welche sich durchsetzen wird. Es auszuhalten, dass unser Engagement scheitern kann – und es auszuhalten, weil sich im Aushalten, im Warten, im Lassen neue Geschichten erschließen können.

IV Maria und Martha

Ich sehe die biblische Martha eher so: als Demonstrantin, die sich sorgt, die sich kümmert, die etwas macht und unternimmt. Und der Jesus der Erzählung schmälert das nicht – im Urtext heißt es, dass Maria das gute Teil gewählt hat. Nicht das bessere Teil.

Das gute Teil, eine andere Wahl – diejenige, die *gerade* etwas weniger angemessen ist. Das wäre das Gegenteil von Trägheit – zu schauen, was gerade jetzt, in dieser Situation angemessen ist: Eher auszuhalten oder zu gestalten, engagierte Gelassenheit oder gelassenes Engagement, zuzuhören oder sich aktiv zu kümmern, sich einzulassen oder sich zu lassen, neue Erzählungen zu fordern oder die alten aufzunehmen, zu warten oder ungeduldig aufspringen.

Es gibt keine für jede Situation angemessene Lösung – nach eindeutigen Handlungsanweisungen zu verlangen, gerade das könnte als Trägheit verstanden werden. Zu fragen, was gerade angemessen ist, bringt die Situation in den Blick – und das kann heißen, dass ich mich der Situation auszusetzen muss, mich sorgen, mich darauf einlassen muss. Auf die Menschen, auf ihre Erzählungen – und auf das Scheitern.

In Bonn planen wir gerade zu erforschen, wie das zusammenhängt: Aushalten und Gestalten. Unter der Leitung von Prof. Cornelia Richter gibt es eine Forschungsgruppe zur

Resilienz, in dem wir nicht nur, aber auch Menschen im Blick haben, deren Situation gerade nicht mehr geändert werden kann: in der Palliativmedizin, Menschen, die dem Tod nahe sind, ihre Angehörigen und Pflegenden. Es kann Situationen geben, in denen Gestalten gerade heißen kann, die Situation auszuhalten, sie ernst zu nehmen und nicht sofort in blinden Aktionismus zu verfallen. Aushalten ist dann selbst schon Gestalten. Und Gestalten ist auch Aushalten, Warten.

Das ist das, was ich in der Geschichte von Maria und Martha sehe: Maria lässt sich, sie lässt sich auf Jesus ein und hört zu. Stille und Abwarten kann eine Form von Sich-Einlassen sein. Und dieses Einlassen kann eine schmerzhafte Komponente haben: Sich zu sorgen, kann heißen, sich um jemanden zu sorgen, es auszuhalten und bei jemanden zu bleiben, für den man vielleicht gar nicht mehr so viel tun kann, es auszuhalten, dass die eigenen Möglichkeiten begrenzt sind. Im Evangelium ist auch die Erzählung von Maria und Martha schon vom Tod Jesus überschattet. Maria hält aus, hört erst einmal zu: Als ob sie spürt, dass sie sich auf Jesus einlassen muss, weil nicht mehr viel Zeit ist. Die an seiner Seite bleibt und es aushält, sich auf ihn einlässt – vielleicht auch schmerzhaft.

Das Warten auszuhalten, unsere eigene Ohnmacht auszuhalten, kann das genaue Gegenteil von Trägheit sein. Und gerade das Warten, das Aushalten, die Stille, ist dann nicht Trägheit, sondern Sich-sorgen: Ein Sorgen, dass sich einlässt, dass in der Stille einen Raum öffnet, in dem sich neue Geschichten ereignen können, in dem ich mich neu auf bekannte Geschichten einlassen kann, in dem ich hören kann: „Bleibet hier und wachet mit mir."

Und möglicherweise passiert nie etwas. Auch das kann sein, und es ist ein Verdienst, davon ehrlich und schutzlos zu erzählen: Dass man sitzt und wartet und aushält und sich nichts ereignet. Gelassenheit herbeizuzwingen funktioniert nicht. Dann nicht überdrüssig zu werden, sich immer weiter einzulassen: Weiter zu beten, weiter zu sorgen, weiter zu lieben. Das würde ich als Gegenteil von Trägheit verstehen. Sich weiter einzulassen, sich weiter zu lassen. Es hilft, wenn wir andere haben, die Geschichten erzählen: Vom Warten und der Stille, und den Erzählungen, die sich mit ihrem Leben verwoben haben. Vom Gestalten und vom Engagement und von den neuen Erzählungen, die man sich erträumt.

„Bleibet hier und wachet mit mir." Wacht, wartet, lasst euch ein, sorgt euch. Es ist anstrengend, das Aushalten wie das Gestalten. Nicht auf eine Lösung für alle Situationen vertrauen zu können, sondern sich immer wieder neu auf die Situation einlassen, mal still zu bleiben und mal laut aufzubegehren. Deswegen hoffe ich darauf, dass das „Bleibet hier und wachet mit mir" ergänzt werden kann durch die Bitte an Gott:

„Bleib bei mir Herr." Bleib bei mir, da, wo es mir schwerfällt, auszuhalten, weil ich sofort etwas unternehmen und ändern will. Bleib bei mir, da wo es mir schwerfällt, zu gestalten, weil ich mich lieber abwenden und resignieren möchte. Halt du es auch aus. Halt es aus und hilf mir auszuhalten.

Katharina Opalka

Erfahrung Faulheit

Och, jetzt nicht, sagt sie. Es ist gerade so gemütlich. Ich kann nicht, meint sie. Ich mag nicht, jammert sie. Ich habe keine Lust, mault sie. Es ist mir zu viel, seufzt sie. Ich will Pause machen, fordert sie. Manchmal versucht sie auch, fürsorglich gegenüber sich selbst aufzutreten, und ermuntert sich: Denk doch mal an dich! Die Stimme meiner Faulheit beherrscht viele Nuancen. Und sie singt gern das Lied von Pippi Langstrumpf, weil sie weiß, dass sie mich damit besonders anspricht: „Faulsein ist wunderschön, denn die Arbeit hat noch Zeit. Wenn die Sonne scheint und die Blumen blühn, ist die Welt so schön und weit."

Ja, die Welt ist schön und weit. Aber sie wird eng und hässlich, wenn ich meiner Faulheit nicht Einhalt gebiete. Denn die Faulheit gilt ja gemeinhin als Wurzel aller Laster. Irgendwann wird mein Herz träge.

Der Wecker klingelt, ach, ich bleibe heute liegen. Wo ist meine blaue Bluse? Ach, die ist noch nicht gebügelt. Soll ich noch kurz den Müll rausbringen? Ach, ich muss jetzt los, bin spät dran. Nachrichten schauen? Ach, immer noch Krieg in Syrien, ich will diese Bilder nicht mehr sehen. Mit der traurigen Freundin telefonieren? Das ist doch immer die gleiche Nörgelei, ich mag es nicht mehr hören. Ein Abendgebet? Gott weiß doch eh, was ich denke, dann muss ich auch nicht beten. Ich schaue weg. Ich höre weg. Ich sage nichts. Wenn die Faulheit den Ton angibt, höre ich meine innere Stimme nicht mehr.

Kirsten Westhuis, aus: wandeln – Mein Fastenwegweiser 2019

Invidia

Neid, Missgunst,
Eifersucht

Neid

1.Mose 1,4-16

Neid – eine Todsünde. In der Geschichte von Kain und Abel fast ganz am Anfang der Bibel führt Neid tatsächlich zum Tod, nämlich zum Tod des jüngeren Sohnes von Adam und Eva, verursacht durch dessen älteren Bruder Kain. Mord oder Totschlag ist die schlimmste Folge von Neid.

Der Begriff „Todsünde“ meint aber nicht die Folge für einen betroffenen Menschen, sondern die Folge für den Sünder selbst. „Sünde“ kommt vom althochdeutschen Wort „Sund“, womit ein Stück Meer gemeint ist, das eine Insel vom Festland trennt. Beispiele sind der „Fehmarnsund“ vor der gleichnamigen Insel oder der „Strelasund“, der die Insel Rügen vom Festland bei Stralsund trennt. Sünde ist also eine Haltung oder daraus folgend ein Tun, was den Menschen von Gott trennt.

Die Trennung von Gott hat nach der Bibel den Tod, die Gottesferne zur Folge. Somit wird in der Evangelischen Kirche nicht zwischen schweren und „lässlichen“, also leichten, Sünden unterschieden. Durch den Kreuzestod Jesu kann der glaubende Mensch von Sünde, also von der Trennung von Gott, und somit auch vom ewigen Tod erlöst werden.

Seit dem 4. Jahrhundert gibt es in der römischen Kirche eine Liste von Hauptsünden, die Papst Gregor I. im 6. Jahrhundert als die sieben Todsünden formuliert hat: Hochmut od. Stolz, Habgier, Wollust, Neid, Völlerei, Zorn und Trägbzw. Faulheit. Es handelt sich hierbei um Grundgefährdungen des Menschen, die als sog. Wurzelsünden oft die Wurzel für andere Sünden bilden können. Sünden können derartig zur Gewohnheit werden, dass sie die Einstellung und das Verhalten eines Menschen so verändern, dass er aus seiner Gottesferne nicht herausfindet.

Nach diesen Vorbemerkungen möchte ich mit Ihnen das Thema „Neid“ in fünf Schritten betrachten:

1. Neid bei Kain
2. Definition und Herkunft von Neid
3. Eifersucht als Sonderform des Neids
4. Auswirkungen von Neid
5. Umgang mit bzw. Bewältigung von Neid

Zu 1: Neid bei Kain
Schon die Namen der beiden Brüder sind Programm. Kain hat im Hebräischen Anklang an das Wort „gewinnen“ oder wird auch mit „Lanze“ als früharabischer Name übersetzt; das hebräische Wort Abel lässt an „Hauch“ oder „Nichtigkeit“ denken. Beide treten mit ihrem Opfer vor Gott, mit dem, was sie erarbeitet haben. Kain bringt Ackerfrüchte, Abel bringt erstgeborene Tiere als Brandopfer. Beide suchen Gottes Anerkennung, aber nur Abel erhält diese. Warum Gott das Opfer Kains ablehnt, erfahren wir nicht. Dass Kain „ergrimmt“, ist verständlich, wird er doch in seinem Selbstwertgefühl verletzt. „Wenn du fromm bist, sagt Gott, dann kannst du frei den Blick erheben“, also als aufrechter Mann auf Augenhöhe gehen. Mit „fromm“ meint Luther gut, und die Zürcher Bibel übersetzt: „wenn du recht handelst“. Im Hebräerbrief (11, 4) wird der Glaube Abels als Kriterium der Annahme des Opfers durch Gott gesehen. Hätte Kain ein entsprechendes Selbstwertgefühl, würde er

diese Erniedrigung „wegstecken", hoffentlich darüber nachdenken und als Ansporn sehen.

Da dies aber nicht so ist, „lauert die Sünde vor der Tür", wie Gott sagt. Aber Kain kann nicht über sie „herrschen". Er gleicht die Herabsetzung dadurch aus, dass er das Leben seines Bruders auslöscht und sich damit überdeutlich über diesen erhebt. Das ist sein Ausgleich, denn an den allmächtigen Gott kommt er nicht heran – außer dass er Rache nehmen kann, indem das Blut seines Bruders in Gottes Erde sickert. Deshalb vertreibt ihn Gott von diesem Acker. Er soll aber nicht vogelfrei sein. Durch das Kainsmal als Schutzzeichen Gottes erhält Gott ihm das Leben; aber er ist „flüchtig", was im Namen des geografisch nicht bekannten Landes „Nod" steckt. Kain wird das Leben nicht genommen, er lebt dieses aber im Land der Ruhelosigkeit, fern von Gott.

Zu 2: Definition und Herkunft von Neid
Das lateinische Wort „Invidia" leitet sich von „invidere" ab, das „missgünstig betrachten" bedeutet, in manchen Kulturen „böser Blick" genannt, vor dem man sich schützen muss. Beim missgünstigen Betrachten empfindet der Neider eine Qual, weil der andere etwas hat, was er nicht hat, aber gerne haben möchte. Es kann sich dabei um Sachen, um gesellschaftliche Positionen, aber auch um persönliche Eigenschaften oder Qualifikationen handeln. In Comics hat der Neider oft ein gelbes Gesicht. Schon Friedrich Schiller beschrieb den Neider als „blass" oder auch „gelb", wahrscheinlich auf Grund der Galle, die früher als Verursacher dieser verzehrenden Emotion angesehen wurde.

Objektiv muss man eingestehen, dass Neid als Teil des Selbsterhaltungstriebs auch seine Berechtigung hat. Diesen Gedanken findet man schon in einer Auslegung von Levitikus, also 3. Buch Mose 25, 36, im jüdischen Talmud zu dem Satz: „Es lebe dein Bruder mit dir," die Ergänzung: „ dein eigenes Leben geht dem Leben deines Nächsten vor."

Obwohl die moderne Psychoanalyse davon ausgeht, dass Säuglinge keinen Neid empfinden, hat schon Augustinus im 4. Jahrhundert nach Christus beobachtet, wie einer von Zwillingssäuglingen „mit bitterbösem Blick" auf seinen „Milchbruder schaute", weil er fürchtete, dass dieser ihm die Muttermilch streitig machen würde. Vor der Geburt war das anders. Man war durch die Nabelschnur mit der Mutter verbunden und alle Bedürfnisse wurden befriedigt, ohne auf sich aufmerksam machen zu müssen. Diese wunderbare Idylle wird bei der Geburt jäh unterbrochen. Das Paradies ist beendet und der Säugling lernt vom Baum der Erkenntnis, dass er mit List und Gewalt das fordern muss, was vorher selbstverständlich war. Er entwickelt Neid und Zorn auf jeden, der auch Anteil an der Mutter haben will. Das ist zunächst der Vater, auch die Geschwister, viele andere Menschen, vielleicht sogar der Hund.

Der aufwachsende Mensch lernt, dass ihm die Welt nicht allein gehört. Er muss lernen, zu teilen und Neid zu unterdrücken. Aber so ganz gelingt das nicht. Das wird uns schon in der Sündenfallgeschichte von Adam und Eva in 1. Mose 3 klargemacht. Sie hatten im Paradies alles, außer zwei Dingen, nämlich die Früchte vom Baum der Erkenntnis und vom Baum des Lebens. Dabei ging es ihnen eigentlich nicht um die Früchte. Wenn ich im Supermarkt vor der Obstauslage stehe, kaufe ich als Auswahl das, was ich essen möchte. Dabei müssen es nicht unbedingt auch noch die beiden exotischen Früchte sein, die ich noch nicht kenne. (Aber bei manchen Menschen doch gerade diese, muss ich einschränkend sagen.)

Diese beiden verbotenen Bäume im Paradies sagen Adam und Eva, dass es etwas gibt, was größer ist als sie selbst, das Regeln erlassen hat und sie nach Gutdünken verändern kann. Sie können es nicht ertragen, dass Gott alles kann, weil ihm alles gehört. Das wollen sie auch. Der Neid treibt sie dazu, sein zu wollen wie Gott.

Wir können das nicht auf zwei vermeintlich historische Personen schieben, sondern Adam und Eva sind wir alle. Adam heißt „Mensch" und Eva „die Leben Schenkende". Im Menschen liegt es, sein zu wollen wie Gott – sein „eigener Herr" sein, wie schon eine Redewendung sagt.

Zu 3: Eifersucht als Sonderform des Neids
Im Hebräischen wird nicht unterschieden. Für Neid und Eifersucht wird nur ein Wort verwendet. Deshalb habe ich auch die Geschichte von Kain und Abel aus der Perspektive von Neid betrachtet, obwohl nach unserem Sprachgebrauch hier eher von Eifersucht zu sprechen wäre.

Denn zu Neidgefühlen gehören zwei Personen oder Parteien. Im biblischen Beispiel Adam und Eva als Partei, die auf Gott neidisch sind. Bei der Geschichte von Kain und Abel sind es drei, nämlich Kain, der auf Abel in der Beziehung zu Gott eifersüchtig ist. Und im normalen Leben ist z. B. ein Ehepartner eifersüchtig auf jemanden, dem der eigene Partner mehr Aufmerksamkeit oder Liebe schenkt.

Die Folgen, wenn das Problem nicht behoben wird, sind mit denen des Neids vergleichbar: Vergiftung und Zerstörung der Beziehung u. U. bis zu Gewalt und Mord. Positiv könnte sein, wenn Eifersucht eine Motivationsspritze zu größerer Mühe für die Erhaltung der Beziehung und einem positiven Miteinander wäre.

Zu 4: Auswirkungen von Neid:
Interessanterweise hat sich die Zeitschrift „Apothekenumschau" vor einigen Jahren dafür interessiert, was geschieht, wenn Menschen Neid verspüren. 2.000 Zeitgenossen wurden durch ein Marktforschungsinstitut befragt. Die häufigste Antwort war: „miese Stimmung". Aber immerhin 5 % sprachen von körperlichen Beschwerden bei länger anhaltendem Neidgefühl wie Magenschmerzen, Herzrasen, Schlafstörungen, lähmende Ohnmacht bis zu Depressionen.

Vorstellbar sind solche Reaktionen schon, wenn man zum Beispiel an Kränkungen denkt, die durch als ungerecht empfundene Vererbung entstanden sind. Neid verursacht ein Unterlegenheitsgefühl, das das Selbstwertgefühl beschädigt. Wenn das Selbstwertgefühl bedroht ist, kann das in Feindseligkeit umschlagen und in Reaktionen, welche die positive Sicht auf sich wiederherstellen sollen. Wenn man dem Anderen Schaden zufügt, kann man sich als Sieger fühlen. In einem Kaufhaus hatte ich einmal an einem Ständer mit teuren Lederjacken ein Gespräch mit einem Verkäufer über die Sicherung der Jacken durch Drahtschnüre mit Schlössern. Der Verkäufer sagte mir, dass auch das manchmal nichts nutze. Diese Jacken seien schon mit Messern quer über das Rückenteil aufgeschlitzt worden. Man kann daraus auf Neid schließen. Der Neider kann sich die Jacke nicht leisten; auch stehlen kann er sie wegen der Sicherung nicht. Also zerstört er sie, damit andere sie nicht kaufen können. Damit hat er einem möglichen Käufer die Freude verdorben – im Selbstwertgefühl ist wieder Gleichstand wiederhergestellt.

Damit sind wir schon mitten in den negativen Folgen des Neids, nämlich hier Feindseligkeit und Zerstörung, auch Zerstörung des Rufs eines Menschen durch Gerüchte und falsche Behauptungen. Ganz wichtig ist: Neid vergiftet Beziehungen. Es ist oft schwierig, positive Beziehungen zu pflegen, wenn Einkommen oder Vermögen sehr unterschiedlich sind. Das kann der weniger Begüterte oft schlecht ertragen und der andere muss immer genau darauf achten, was er sagt. Er muss alles vermeiden, was Neidreaktionen hervorrufen kann, die zwar meist nur verbal sind, aber auch Rückzug zur Folge haben können. Das ist besonders belastend, wenn dadurch familiäre oder verwandtschaftliche Beziehungen über Jahre oder dauerhaft zerstört sind, oft ohne Versöhnung vor dem Tod. Neid zerstört auch Beziehungen zwischen Kollegen, wenn es um Gehaltserhöhungen und Beförderungen geht. Auch um ein gutes Aussehen oder geistige oder künstlerische Fähigkeiten kann man beneidet werden. Ende offen. Wer notorisch neidisch ist, wird gemieden, denn der Umgang mit ihm ist unangenehm. Einsamkeit ist die Folge.

Es gibt aber auch positive Folgen des Neids. Die Bausparkasse Wüstenrot hatte mal folgenden Slogan als Werbung eingesetzt: „Ihre Nachbarn: neidgelb, Ihr neuer Pool: azurblau, Ihre Finanzierung: Wüstenrot!“ Der Bausparkasse ging es wohl kaum darum, ihren Bausparern zu einem positiven

Neidgefühl zu verhelfen, da die meisten Menschen mit ihren Nachbarn gut auskommen möchten.

Im Althochdeutschen verstand man unter Neid „Anstrengung, Eifer und Wetteifer“. Insofern wäre Neid eine Motivationsspritze; von Wüstenrot z. B. so gemeint, dass eine Finanzierung durch sie eben auch zu dem verhelfen würde, was der Nachbar schon hat. Selbstverständlich im wirtschaftlichen Interesse dieser Bausparkasse.

Neid ist auch eine Triebfeder der Kulturentwicklung, weil sie Menschen antreibt, die Gesellschaft – auch im positiven Sinne - weiterzubringen. Der Volkswirtschaftler und Geldtheoretiker Milton Friedman sagte: „Wäre jeder zufrieden mit dem, was er besitzt, so gäbe es kein Wirtschaftswachstum, der Fortschritt würde aufhören, und wir würden ins ‚dunkle Zeitalter‘ zurückfallen.“ Und Fortschritt ist nicht nur böse. Dass zumindest in den westlichen Staaten die Lebenserwartung ständig steigt, ist auch Folge des technischen Fortschritts, der erarbeitet und bezahlt werden muss. Und durch Neidgefühle hat sich so mancher angestrengt, bessere Noten zu erreichen oder beruflich aufzusteigen.

Eine andere Möglichkeit des gesellschaftlichen Fortschritts wäre der Einsatz für mehr Gerechtigkeit, auch in wirtschaftlich-finanzieller Beziehung. So etwas wird schnell als Neid-Debatte abgetan. Das hat mit Neid dann nichts zu tun, wenn es darum geht, die Umsetzung von Grundrechten einzufordern zum Wohle der Menschen, nicht um einer Ideologie willen.

So hat eben jede Medaille zwei Seiten, wobei wir die sündhafte Seite betrachten, die uns anspornen soll, zu versuchen unser Leben ohne Neid so zu gestalten, wie Gott es für uns und unsere Mitmenschen – unseren Nächsten – möchte.

Zu 5: Umgang mit bzw. Bewältigung von Neid
Vorweggeschickt: In der Psychotherapie ist Neid weitgehend ein Tabu, in der Theologie und in der Bibel nicht, wie wir gesehen haben. Und es gibt Untersuchungen zu diesem Thema. Als Beneidete kann man es mit Vermeidungsstrategien versuchen, d. h. wenig über eigene Stärken und Erfolge reden; finanzielle Dinge ganz außen vor lassen, selbst Schwächen eingestehen (Vorsicht: sich nicht angreifbar machen), mit Neidern gute Beziehungen pflegen, weil Sympathie Neid vorbeugt.

Für den Fall, dass man selbst in Gefahr steht, Neidgefühle zu entwickeln, hat eine Befragung unter Studenten folgende Ergebnisse zum Umgang damit gebracht:
a) Eine unerschütterliche Haltung bewahren, d. h. sich die eigenen Stärken und Vorzüge bewusst machen und dadurch Minderwertigkeitsgefühle vermeiden.
b) Positive Vergleiche anstellen, d. h. vergleichen mit solchen, denen es schlechter geht und sich dadurch selbst stärken.
c) Selektives Ignorieren, d. h. sich einreden, das beneidete Objekt sei nicht so wichtig.
Ebenso können Techniken der kognitiven Therapie übernommen werden. Dazu kann man sich folgende Fragen stellen:

- Garantieren bestimmte Dinge (z. B. Auto, Kleidung), auch Liebe und Sicherheit zu finden?
- Was bedeutet dieser Besitz oder diese Stellung angesichts Vergänglichkeit und Tod?

Außerdem: Wenn man eigene Grenzen und Mängel akzeptiert und gleichzeitig auf seine Stärken sieht, so ist das auch eine Form von Weisheit.

Da bekanntlich jede Münze zwei Seiten hat, halte ich persönlich folgende Frage für außerordentlich wichtig: Wenn ich die Vorderseite gerne haben möchte, möchte ich dann auch die Rückseite in Kauf nehmen? Die Vorderseite kann ein gutes Gehalt sein, die Rückseite viel Arbeit, Stress, unterwegs sein oder auch Gefahren. Die Vorderseite kann eine gehobene soziale Stellung sein, die Rückseite eine lange Ausbildungszeit mit viel Mühe und auch Verzicht. Die Vorderseite kann ein Haus mit großem Garten sein, die Rückseite eine Menge Arbeit und Kosten trotz eingesparter Miete. Die Beispiele ließen sich fortsetzen. Auch Teilen ist eine Übung gegen den Neid; abgeben von dem, was man hat, z. B. Geld und Zeit.

Das Gegenteil von Neid ist Dankbarkeit. Man kann sich auch in Dankbarkeit schulen, indem man aufschreibt, wofür man in seinem Leben dankbar ist. Ein Vorschlag dafür ist ein Dankbarkeitstagebuch, so wie man jeden Abend den Tag im Gebet vor Gott durchgehen kann. Man kann ihm dabei alle Probleme und alle Schuld des Tages vorlegen, auch Neidgedanken, sich Vergebung schenken lassen und natürlich danken für alles, was gut war und gelungen ist.

Das wären Ansätze, wie man über die Sünde herrschen kann, die vor der Tür lauert, wie Gott dem älteren Bruder Kain sagt. Denn Gott will das Gute für uns – nämlich Frieden mit uns selbst und mit unseren Nächsten.

Erhard Lay

Erfahrung Neid

Es war zutiefst ungerecht. So sehr, dass ich noch heute das Stechen in der Magengrube fühle. Abels Feuer brannte gut und der Rauch stieg schnurgerade nach oben wie eine Verbindung zum Himmel. Kains Feuer dagegen qualmte nur seitwärts. Er hatte den Kopf eingezogen und blickte böse und traurig zugleich. Er tat mir leid. Warum mochte Gott Abel lieber als Kain? Klar, man darf Brüder nicht erschlagen, aber eigentlich war Gott an allem schuld!

Ich hatte zwei jüngere Brüder, die ich manchmal hätte erschlagen können. Sie waren der Stolz meiner Mutter. Ich dagegen, als älteste Schwester, musste immer abwaschen, gute Noten haben und überhaupt selbstverständlich pflegeleicht funktionieren. „Mädchen lobt man nicht, dann werden sie noch eingebildet“, sagte meine Mutter.

Geblieben ist die Sehnsucht nach Anerkennung und das nagende Gefühl: Wie sehr du dich auch anstrengst, es ist nicht genug.

Wer gibt schon gerne zu, dass er neidisch ist. Man lächelt und sagt „wie schön!“ und denkt zugleich „warum nicht ich?“. Neid brennt wie Sehnsucht. Ein innerer Giftzwerg, der aus Opfern leicht Täter macht. Geboren ist er aus dem Mangel an Liebe und Anerkennung. Seit ich das verstanden habe und den Mangel fühlen kann, hat sich der Giftzwerg in ein trauriges Kind verwandelt, das gesehen und geliebt werden möchte.

„Das Leben ist ungerecht", sagte meine Mutter stets. „Gott ist, dass wir trotzdem lieben können", lese ich bei Dorothee Sölle. Auch uns selbst.

Melanie Kirschstein

aus: wandeln – Mein Fastenwegweiser 2019

Gula

Völlerei, Unmäßigkeit, Zügellosigkeit, Maßlosigkeit

Völlerei

In der Blütezeit der kirchlichen Todsünden galten Völlerei und Wollust als die fleischlichen Sünden. Es waren die niederen Sünden, da sie mit dem sichtbaren Kontrollverlust körperlicher Begierden zusammenfielen. Sie galten als unvernünftig. Während es heute schon eine Höllenstrafe auf Erden ist, fettleibig zu sein, und Dickleibige, aber auch sich dick Wähnende, in ihrer Not einen ewigen Kampf mit den Pfunden führen, wo ein Stück Kuchen mit Sahne als Sünde gilt, lag früher der Frevel darin, dass der Bauch als Gott verehrt wurde. Die Nabelschau, die Welt allein mit dem Bauch wahrzunehmen, weil sich in der Völlerei alles nur ums Essen und Trinken dreht, stahl Gott die Ehre. Der Mensch ist in der Völlerei nicht auf Gott bezogen, sondern nur auf sich. Das war in den Augen unserer Mütter und Väter die eigentliche Sünde der Völlerei.

Völlerei ist eine Haltung, die aus dem Herzen des Menschen hervorgeht, sie ist eine spirituelle Fehlentwicklung. Nicht die Nahrung, das Essen und Trinken an sich, selbst der Genuss der Nahrung von köstlichen Speisen und Getränken, sondern die Unmäßigkeit waren ein religiöses Problem. Völlerei galt als Rebellion gegen Gott.

Heute werden Essen und Trinken nicht als Beziehungsstörung zu Gott wahrgenommen. Wer unter einer Essstörung leidet oder alkoholsüchtig ist, wird als ernsthaft krank eingeschätzt. Oft liegen oralen Süchten seelische Erkrankungen zu Grunde, eine Beziehungsstörung zu sich selbst und der Welt.

Was mich im gegenwärtigen Ernährungs- und Gesundheitswahn aber am meisten stört und zunehmend irritiert, ist die Verunsicherung, die von der Dauerberieselung durch alle Medien auf uns einströmt. Getarnt im Kleide der Vernunft wird ständig gepredigt, was gutes oder schlechtes Essen ist. Es gibt, davon ist die Mehrheit inzwischen überzeugt, gutes und böses Essen. Wenn man so will, nimmt die Bewertung der Nahrung wieder religiöse Qualitäten an. Salopp gesagt: Es gilt schon lange nicht mehr, ob du katholisch oder evangelisch bist, sondern ob du bekennender Vegetarier, Veganer oder immer noch Fleischfresser bist. Der Streit ums Essen hat Bekenntnischarakter bekommen. Wir glauben zwar nicht mehr an Gott oder gar an den Teufel, verteufeln aber falsche Speisen und in der Folge die, die diese Speisen essen. Nichts ist so sehr mit Zwängen, Ängsten und Scham behaftet wie Essen und Trinken. Gab es früher die Angst, sich in Völlerei und Wollust vor Gott zu verfehlen, verfehlen wir uns jetzt ständig selbst. Der Rechtfertigungsdruck ist, was Essen und Trinken betrifft, aus meiner Sicht in den letzten Jahrzehnten erheblich gewachsen.

Da tut es gut, sich der christlichen Grundüberzeugung zu erinnern, dass es keine schlechten und bösen Speisen gibt. Im christlichen Glauben ist alles zum Verzehr freigegeben. Es ist gut, weil es aus der Schöpfung Gottes hervorgeht. „Gesegnete Mahlzeit“ heißt: Iss und trink, was auf dem Tisch steht. Nicht das Essen ist schlecht oder böse, rein oder unrein, sondern die Art und Weise, wie der Mensch damit umgeht, kann gut oder schlecht sein. Diese Erkenntnis hat sich in der frühen Christenheit durchgesetzt, denn zur Zeit Jesu gab es strenge religiöse Reinheitsgebote und viele Strömungen, die in der Nahrung den Teufel witterten und Askese empfahlen. Es ist wieder an der Zeit und höchst aktuell, sich an die Worte Jesu zu erinnern:

„Seid denn auch ihr so unverständig? Versteht ihr nicht, dass alles, was von außen in den Menschen hineingeht, ihn nicht unrein machen kann?“ (Mk 7,18)

Joachim Wehrenbrecht

Achtung Völlerei

Wir sollen übers Essen reden und zwar nicht über das Essen, wenn man hungrig ist, sondern über das Essen, wenn man satt ist.

So etwas ist mir letztlich passiert. Ich hatte in der Mensa köstliche Erbensuppe gegessen, die leider roch wie, naja Erbrochenes, und auch so aussah.
Ich war also satt und ging nach Hause. Und da kam ich an einer Dönerbude vorbei. Bei uns in der Klasse gehen die meisten schon lange nicht mehr zur Mensa, sondern alle in die Dönerbude.

Da kommt dann natürlich sofort der moralische Zeigefinger der Eltern, der sagt: Das ist ungesund.
Aber wieso? Döner besteht doch aus Brot, einem Grundnahrungsmittel, Salat, Gemüse (und meine Eltern würden sich wirklich freuen, wenn ich das freiwillig essen würde!), Zaziki für die Mundgeruchfans, und Fleisch.
Wenn man das etwas anders zubereiten würde, könnte das als vollwertige Mahlzeit durchgehen.

Aber wieso ist der Döner jetzt ungesund?
Das liegt wahrscheinlich an der Mengenverteilung. Wenig Brot, wenig Salat und Gemüse, Etwas Zaziki und extrem viel Fleisch. Das ist dann hoch aufgetürmt, dass es schwer ist, reinzubeißen. Bei solchen Personen wie mir fällt beim Versuch, den Döner zu essen, meistens die Hälfte auf den Boden.

Die meisten lassen ihn dort einfach liegen und man fragt sich, was ist aus unserer Gesellschaft geworden? Sind wir wirklich schon so verfressen, dass wir Essen auf den Boden schmeißen und sagen: Hey, macht doch nichts, war doch nur ein Döner für 4,50 €.

Wo ist unsere Achtung vor dem Geld?
Und wo unsere Achtung vor dem Essen?

Hannah Kreuer

Erfahrung Völlerei

„Hast du was zum Fressen?“ – Das waren die Begrüßungsworte meines Urgroßvaters an meine Urgroßmutter, die todesmutig mitten im Zweiten Weltkrieg in Richtung Ostfront gefahren war. Kein Kuss, keine Umarmung, sondern diese hastigen und gierigen Worte eines ausgemergelten Frontsoldaten. Ausgehungert stürzte er sich dann auf die mitgebrachte Ware.

Die Entbehrungen während der Kriegsjahre haben bis heute Folgen in unserer Familie. Eine davon ist die, dass es bei meiner Oma unmöglich ist, hungrig zu sein. Bei ihr gibt es immer Essen: vom Frühstück zum Obstteller zum Mittagessen zum Kaffeetrinken zum Abendbrot. Die Mahlzeiten bestimmen den Tagesrhythmus. Ich fühlte mich als Kind wohl damit und genoss es, zu jeder Tageszeit eine duftende Küche betreten zu können. War ich jedoch länger als einen Tag bei ihr, merkte ich nicht mehr, wann ich satt war, denn immer hieß es: „So iss doch, Kind. Du hast ja noch gar nichts gegessen. Du wächst doch noch.“ So schnell konnte ich gar nicht wachsen, um die ganze verschlungene Energie umzuwandeln.

Bei Festen wurde „getafelt“. Ein Buffet mit üppigen Mengen an Speisen und Getränken war das Mindeste, denn „es sollte ja nicht so sein wie bei armen Leuten“. Irgendwann begriff ich, dass mit diesem ganzen In-sich-Hineinschaufeln versucht wurde, Heilsalbe auf Wunden zu streichen. Bei aller Fröhlichkeit glänzten Melancholie und Traurigkeit in den Augen meines Opas, wenn er mit dem Plattenspieler um die Wette sang: „Ich hab‘ in meinem Herzen darinnen einen wundersamen Traum.“

Opa, ich hätte gern gewusst, wovon du träumst und was dich schmerzt. Leider habe ich dir das nie gesagt. Sondern einfach schweigend mitgegessen.

Sarah Seifert

aus: wandeln – Mein Fastenwegweiser 2019

Superbia

Stolz, Hochmut,
Eitelkeit,
Überheblichkeit

Hochmut

In der diesjährigen Predigtreihe haben wir uns mit den 7 Todsünden beschäftigt. Wir haben viel Neues erfahren, aber auch in manche Abgründe unserer Menschlichkeit geschaut.

Heute nehmen wir uns den Hochmut vor. Und den Meisten fällt ein bekanntes Sprichwort ein. *„Hochmut kommt vor dem Fall".* Dieses Bibelwort stammt aus dem Alten Testament. Es steht in den Sprüchen Salomos in Kapitel 16, 16-20, in die das Sprichwort eingebettet ist.

16 Weisheit erwerben ist besser als Gold und Einsicht erwerben edler als Silber.
17 Der Frommen Weg meidet das Arge; und wer auf seinen Weg achtet, bewahrt sein Leben.
18 Wer zugrunde gehen soll, der wird zuvor stolz; und Hochmut kommt vor dem Fall.
19 Besser niedrig sein mit den Demütigen als Beute austeilen mit den Hoffärtigen.
20 Wer auf das Wort merkt, der findet Glück; und wohl dem, der sich auf den HERRN verlässt!

Der Hochmut... Mir fallen weitere Worte ein, die mit der Silbe „-mut" enden: die Sanftmut, die Großmut, die Demut, die Anmut, (alles weibliche Nomen), der Übermut, der Kleinmut oder der Wankelmut, (alles männliche Nomen). Mit Mutigsein oder der Mutprobe hat dieses Wort nicht viel gemeinsam. Es hat eher mit dem Wort Gemüt zu tun. Das englischen Wort *„mood"* kommt mir in den Sinn, welches im Deutschen mit *„Stimmung"* übersetzt wird. Bei dem

Gemüt geht also um eine Stimmungslage, ein Gefühl, eine innere Haltung.

Hochmut sagt man heute nicht mehr so oft, denke ich. Wir verwenden andere Begriffe: Anmaßung, Einbildung, Herablassung, Stolz, Überheblichkeit; (gehoben) Vermessenheit; (bildungssprachlich) Affektiertheit, Arroganz, Blasiertheit oder Wichtigtuerei. Das lateinische Wort: *„superbia"* übersetzt man mit Hochmut, Übermut oder Stolz. Der Duden beschreibt den Hochmut wie folgt: *„auf Überheblichkeit beruhender Stolz und entsprechende Missachtung gegenüber anderen oder Gott"*.

Mir fallen mehrere Menschen ein, deren Verhalten ich mit hochmütig beschreiben würde. Zwei Beispiele möchte ich geben.

Ulli Hoeneß, Manager beim FC Bayern München. Immer wieder konnte unter Hoeneß der Pokal, aber auch andere Titel gewonnen werden. Wie verlockend ist es doch da, sich über andere zu erheben, in Hochstimmung zu geraten, arrogant und herablassend mit anderen Clubmanagern umzugehen. Die anderen Vereine wurden nicht mehr wirklich als Konkurrenten wahrgenommen. Sie sind keine Gegner mehr, sondern nur noch Opfer. Dieser Mann hat meines Erachtens die Bodenhaftung verloren. Das Jahr 2013 besiegelt den Fall nach dem Hochmut. Anklage und Verurteilung wegen Steuerhinterziehung.

Heidi Klum. Weit hat sie es gebracht. Sie gehört zu den Top Models, nicht nur in Deutschland, sondern auf der Welt. Mehr als 10 Jahre gibt es die Model-Casting Show nun schon im deutschen Fernsehen. Junge Frauen versuchen nach oben in den Modehimmel zu kommen, besser zu sein als die Konkurrenz. Frau Klum entscheidet am Ende eines Tages, wer in die nächste Runde kommt. Die bekannten Worte sind für mich an Hochmut kaum zu überbieten. „Ich habe heute leider kein Foto für dich."

Ihnen fallen wahrscheinlich weitere Menschen ein, die in meine angefangene Liste passen würden. Am besten sortieren wir sie nach denen, die noch im Zustand des Hochmutes sind, nach denen, die schon im Fallen begriffen sind, und nach denen, die auf dem Boden der Tatsachen aufgeschlagen sind. Bei den Gefallenen macht sich bei uns etwas oder auch etwas mehr Schadenfreude breit.

Doch nun zucke ich zusammen. Was maße ich mir eigentlich an? Wie schnell kann ich selbst hochmütig werden und mich über andere erheben. Meine, manches oder alles besser zu wissen. Habe ich denn die Weisheit gepachtet? Ich, die ich auf einer zum Glück nicht sehr hohen, aber immer hin doch einer Kanzel stehe und zu Ihnen predige? Mir steht es bei weitem nicht zu, jemanden abzukanzeln. Ja, manchmal erschrecke ich vor mir selbst.

Hochmut führt dazu, dass jemand die innere Haltung entwickelt, er würde über den Gesetzen stehen. Sei es nun das Gesetz im juristischen Sinn oder Gesetze der Gesellschaft, Gesetze der Biologie, Gesetze der Physik.

Hochmut führt zu Missachtung des Nächsten, führt zu Missachtung seiner selbst, führt zu Missachtung von Gott. Für Augustinus ist der Hochmut der Ursprung aller Sünden und das verwerflichste aller Laster. So schreibt er in seinem Werk „De Trinitate": „Hochmut ist eine Geschwulst. Groß, aber krank." Und weiterhin sagt Augustinus: „Ich wage zu behaupten, daß es für Hochmütige gut ist, in eine offensichtliche und handfeste Sünde zu fallen, damit sie so über sich selbst Mißfallen empfinden können, nachdem sie schon über ihr Selbstgenügen gefallen sind. Heilsamer jedenfalls war für Petrus das Mißfallen über sich selbst, da er weinte, als das Wohlgefallen an sich, da er sich übernahm."

Schauen wir uns den Hochmut also nochmal genauer an. Natürlich sind nicht alle Menschen gleich. Der eine kann schnell rennen, der andere ist gut im Erlernen einer Sprache, der Nächste kann prima zeichnen, wieder einer kann gut kopfrechnen und so weiter und so fort.

Auf solche Fähigkeiten darf man selbst stolz sein. Man darf auch stolz auf Andere sein, auf seine Kinder, auf seine Schüler oder auch mal auf seine Eltern.

Dirk Nowitzki z.B. kann stolz auf seine Karriere sein. 21 Jahre hat er auf unglaublichem Niveau Basketball gespielt, war immer wieder ein wertvoller Spieler in seinem Team. Ohne ihn hätte die deutsche Nationalmannschaft vermutlich nicht so gut abgeschnitten in den vergangenen Turnieren. Das ist für mich aber noch nicht Hochmut, denn Hochmut ist Stolz, der auf Überheblichkeit beruht. Beim Hochmut ist der Aspekt, einer stellt sich höher als der andere, immer mit dabei. Hochmut führt immer zu einem Gefälle. Der Hochmütige erhebt sich über Andere und macht sie damit klein.

Noch ein anderer Aspekt. Natürlich gibt es Menschen, die belesen sind, die unglaublich viel wissen. Einer ist gebildet auf seinem Spezialgebiet, ein anderer besitzt ein sagenhaftes Allgemeinwissen. Das ist vielleicht nicht mein Ding, aber ich kann dem sehr wohl Hochachtung abgewinnen. Die zur Schautragung dieses angehäuften Wissens wird dann zu Hochmut, wenn aus Bildung Einbildung wird. Die Einbildung führt wiederum dazu, dass sich der Eingebildete für etwas Besseres hält. Er erhöht sich selbst und erniedrigt damit diejenigen, die nicht so viel wissen.

Wie kann ich also dem Hochmut begegnen, was hilft mir, mich vor dem hochmütig sein zu schützen? Denn zugegeben, der Grat ist schmal, und zumindest ich habe Hochmut schon an mir selbst hier und da mal feststellen müssen.

Ich wiederhole noch mal Vers 19 aus den Sprüchen Salomos:
19 Besser niedrig sein mit den Demütigen als Beute austeilen mit den Hoffärtigen.

Dort steht geschrieben, dass es besser ist niedrig zu sein mit den Demütigen. Schauen wir uns also den Gegenspieler der Hochmut, die Demut, etwas genauer an. Vom Wortsinn her könnte man Demut als Gesinnung eines Dienenden, als dienstwillig beschreiben. Der Demütige erkennt ohne Zwang an, dass es etwas Höheres, etwas Unerreichbares für ihn gibt. Für uns ist das Gott, an den wir glauben, dem wir uns anvertrauen und von dem wir uns führen lassen.

Bei der Demut, aber auch bei dem Hochmut gibt es eine innere Haltung und eine äußere Erscheinung. Im besten Fall sind die innere Haltung und die äußere Erscheinung im Einklang. Ist das nicht der Fall, kann die Demut nach außen nur vorgetäuscht sein. Der Mensch gibt sich nur demütig, obwohl er es in Wirklichkeit nicht ist. Auch Selbsterniedrigung als Antrieb ist ganz sicher als falsche Demut zu verstehen. Genau so kann ein Mensch, der hochmütig erscheint, im Inneren vielleicht ehrliche Demut und echten Stolz haben. Manche Menschen reagieren mit Arroganz, wenn sie innerlich unsicher sind und es nicht wagen, sich und der Umwelt dieses einzugestehen.

Jesus Christus ist für mich der Inbegriff an Demut. Innere Haltung und äußere Erscheinung stimmen in meinen Augen überein. Andere, wie die Pharisäer, haben seine Art jedoch als Hochmut gedeutet, ihn als gefährlich eingestuft. Sie haben ihn falsch beurteilt und am Ende verurteilt, und in ihrem Hochmut nicht erkannt, wen sie vor sich haben.

Beim Einzug in Jerusalem werden Palmwedel geschwenkt, das Hosianna wird gerufen, man bejubelt ihn als einen König. Aber dieser Jesus lässt sich nicht zum Instrument falscher Machenschaften machen. Er will sich nicht über andere erhöhen, er lässt sich nicht auf diesen weltlichen Königsthron setzten. Er reitet auf einem Esel ein, auf jegliche Königswürde verzichtet er. Seine Botschaft ist nicht das Schwert, er ist kein Machthaber, er will kein Unterdrücker sein, seine Botschaft ist die Liebe, und zwar gelebt. Keine arroganten Reden werden geschwungen, die außer überheblichen Worthülsen keinen Inhalt haben. Das ist Demut. Jesus ist bereit, den Weg zu gehen, den Gott für ihn bestimmt hat. Er maßt sich nicht an, es besser zu wissen, er vertraut sich ganz und gar Gott an. Nicht von ungefähr kommt das Bild des Lammes, das zur Schlachtbank geführt wird. Ergebenheit, kein Widerstand.

Nur wenige Menschen haben das damals begriffen; gefangen in ihrem Hochmut haben manche ihre eigenen Ziele zu wichtig genommen, sie wollten oder konnten sich nicht belehren lassen. Stur haben sie auf ihrer Meinung beharrt und die breite Masse hat sich anstecken lassen, oder war zu träge, sich eine eigene Meinung zu bilden. Dieser Jesus muss der neue König der Juden sein, er muss die Römer fortjagen. Wenn er diese ihm zugedachte Rolle nicht spielen will, dann muss er eben sterben. Dieser Hochmut, es besser zu wissen, hat dazu geführt, dass die Menschen Jesus letztendlich dem Kreuzestod überantwortet haben. De facto haben sich die Menschen in ihrer Verblendung von Gott abgewandt. Hochmut führt dazu den Mitmenschen gering zu schätzen oder sich gottgleich zu fühlen, am schlimmsten sogar sich über Gott zu erheben.

Was für die Menschen damals galt, gilt auch für uns heute. Ständig bewerten wir, beurteilen wir und verurteilen wir auch.

Hochmütig vergleichen wir uns mit unseren Nachbarn. Ist unser Auto besser, unser Urlaub teurer, unsere Feier größer und besser besucht? Haben wir Resümee gezogen und das Gefühl besser abzuschneiden als unser Nachbar, dann ist das Gefälle vorprogrammiert. Ich stehe hier oben und du bist dort unten.

Wir sollten uns fragen, ob das die richtige Art und Weise ist, mit einander umzugehen. Stehen wir mit unserer Haltung und unserem Handeln wirklich im Einklang mit Gottes Willen?

Demütig sollten wir uns bei Gott bedanken, dass er es so gut mit uns meint, dass wir jetzt, in diesem Augenblick, auf der Sonnenseite des Lebens stehen. Wie schnell könnte sich das Blatt für uns wenden: Krankheit, Arbeitslosigkeit, Trennung vom Partner. Und wir sollten nicht auf unsere Nachbarn hochnäsig herabschauen, wenn die nach unserem Maßstab auf der Schattenseite gelandet sind. Vielleicht können wir etwas von unserer Lebensfreude abgeben, Teilen könnte also ein Weg sein. Aber vielleicht ist der Nachbar, der nach unserer Meinung unten im Leben steht, glücklich und zufrieden und genau dort angekommen, wo er hinmöchte, wo er sich wohlfühlt. Demütig sollten wir von unserem hohen Ross herabsteigen. Es steht uns nicht zu, hochmütig zu urteilen über andere Menschen und diese zu verurteilen.

Britta Schwering

Erfahrung Hochmut

Über gesunde Ernährung muss ihr niemand etwas erzählen, sie lebt sie schon: kein Weizen, kaum Zucker, wenig Fleisch. Sie trainiert zweimal die Woche Fitness und Kraft. Morgens meditiert sie und abends praktiziert sie Yoga. Der Kleiderschrank ist in bester Ordnung: alles Sachen, die ihr wirklich am Herzen liegen, nach Feng-Shui-Regeln eingerollt. Auch ihr Adressbuch sieht aufgeräumt aus, seit sie sich von Freundinnen getrennt hat, die nur Kraft saugen. Zur Arbeit fährt sie bei jedem Wetter mit dem Rad. Sie hat ihr Leben optimal auf sich und ihre Bedürfnisse eingestellt.

Nur ihr Freund passt nicht ins Bild. Der sitzt fast nur, am Schreibtisch oder auf dem Sofa. Raucht ein Päckchen Zigaretten am Tag, stillt Hunger und Durst mit Chips und Schokolade, Cola und Rotwein. Für ihn ist Sport so eklig fremd wie Buttertee. Und Meditation bedeutet, das Handy für drei Minuten aus der Hand zu legen. Warum hört er nicht auf sie? Sie weiß doch, wie es besser geht. Sie hat ja Verständnis dafür, dass er immer wieder am Leben scheitert. Aber man kann sich doch auch aufrappeln. Eine Krise als Chance begreifen! Ihre Freundin sagt: „Du warst früher genauso!“ Ja, das mag sein. Aber genau deshalb will sie einfach nur das Beste aus sich und dem Leben herausholen. Und vielleicht auch ein bisschen unangreifbar sein. Die anderen beeindrucken, ihre staunenden Stimmen hören, wenn sie sagen: „Was du alles so schaffst! Du machst es richtig! Wie toll du aussiehst, in deinem Alter!“

Doch was wäre, wenn ihr Drang, alles im Griff zu haben, und seiner, sich jedem gut gemeinten Ratschlag zu widersetzen, zwei Seiten einer Medaille wären? Wenn es gar kein

Richtig und Falsch gäbe? Wenn das Beste, das sie so unbedingt will, gar nicht durch seine Brille zu sehen ist? Was wäre, wenn sie hinabstiege von ihrem hohen Ross? Vielleicht käme dann ihre Welt ins Wanken. Vielleicht entstünde Raum für etwas Anderes, Unvorhergesehenes, Unkontrollierbares. Etwas, das das Leben aus den Angeln hebt und sie befreit.

So wie Ostern.

Ilva Ring

aus: wandeln – Mein Fastenwegweiser 2019

Literatur zu den 7 Todsünden

Quellen:

- Die Bibel. Nach Martin Luthers Übersetzung, revidiert 2017
- wandeln – Mein Fastenwegweiser 2019, Hamburg, Andere Zeiten e.V.

Literatur:

- Simon Blackburn: Wollust. Die schönste Todsünde, 2008
- Anton Bucher: Geiz, Neid, Trägheit & Co. in Therapie und Seelsorge, 2012
- Josef Epstein: Neid. Die böseste Todsünde, 2010
- Heiko Ernst: Wie uns der Teufel reitet. Von der Aktualität der 7 Todsünden, 2006
- Aviad Kleinberg: Die sieben Todsünden, 2010
- Francine Prose: Völlerei. Die köstlichste Todsünde, 2009

- Melanie Thierbach (Hrsg.): Die sieben Todsünden, Sonderausstellung
  Diözesanmuseum St. Afra Augsburg, 2016

Inhalt